스스로 생각하고 놀면서 공부하는
역사 워크북 **4**

한국사 편지
생각책

조선 후기부터
대한제국
성립까지

박은봉 ★ 생각샘 글
김중석 그림

책과함께어린이

박은봉 선생님의 이야기

《한국사 편지》 이후 오랜만에 어린이 독자들을 위해 돌아오신 박은봉 선생님을 만나 인터뷰를 했습니다.

어떻게 《한국사 편지》의 워크북을 펴내게 되셨나요?
《한국사 편지》 완간 직후부터 워크북을 만들자는 요청과 제안이 많았어요. 필요하다는 의견에 동의는 했지만 《한국사 편지》가 추구하는 바를 워크북에 잘 담아낼 수 있을지 확신이 서지 않았지요. 그러다 '생각샘'을 만나면서 가능성을 보았습니다. '아, 할 수 있겠구나!'

《한국사 편지 생각책》을 공동 집필하셨는데요. 선생님은 어떤 역할을 하셨나요?
《한국사 편지》가 무엇을 전달하려는지 지향점을 충분히 공유하는 게 가장 중요하다고 생각했어요. 그래서 본격적으로 집필하기 전에 수차례 모여서 《한국사 편지》를 놓고 의견을 나누었어요. 그 다음, 하나하나 문항을 만들고 선별하고 검토하고 수정하는 일련의 모든 과정을 함께했습니다.

요즘 역사 워크북이 많은데요. 《한국사 편지 생각책》만의 특징을 알 수 있는 문항을 꼽아 주신다면?
《한국사 편지 생각책》의 문제들은 단순 암기형의 문제가 아니에요. 사고력과 판단력을 기르고 자신의 가치관을 정립하는 것, 이것이 《한국사 편지》와 《한국사 편지 생각책》의 지향점이에요. 그래서 스스로 생각해 보기, 다양하게 생각해 보기, 자신만의 생각을 자유롭게 표현하기, 이런 문제들이 대부분입니다. 예를 들면, 2권 고려 시대의 '왕후장상의 씨가 따로 있나' 단원에서 '순정'이라는 인물이 되어 그 당시 순정이 어떤 마음이었을지 글로 써 보는 문항이 있어요. 이런 식의 접근은 분명한 차별점이라고 생각합니다. 인물 이름이나 사건, 연도를 외워서 답하는 게 아니라, 인간과 세계를 다양한 각도로 이해하고 복합적인 사고를 하게끔 이끌어 주니까요.

'생각하는 역사'를 문항으로 구현하려면 어려움이 많았겠네요. 그중에서도 특히 고민되셨던 점이 있나요?
사실 역사를 해석하는 데 있어서 단답형의 하나뿐인 정답은 없어요. 역사 자체가 다면 다층, 복합적이기 때문이죠. 그렇다면 어디까지를 정답으로 해야 할까 고민했습니다. 그래서 어린이들이 직접 작성한 답안들을 수록했어요. 실제 답안을 통해 정답의 범위와 적정한 가이드라인을 보여 주었지요. '아, 이런 것도 정답이 될 수 있겠구나!' 하고 역사적 시야가 확장되는 경험을 할 수 있을 것입니다.

어린이들이 실제로 참여했다는 점이 무척 돋보이네요. 앞으로 《한국사 편지 생각책》을 볼 독자들에게 한 말씀 해 주세요.
정답을 맞히려고만 하지 말고 자유롭게 생각해 보세요. 엉뚱한 질문, 튀는 생각 다 괜찮습니다. 역사 공부가 재미있어질 거예요. 그리고 지도하는 부모님이나 선생님들은 조급해 하지 말고 기다려 주세요. 어린이의 생각을 존중하고 대화를 나누어 보세요. 《한국사 편지 생각책》이 길잡이가 되어 줄 겁니다.

생각샘 선생님들의 이야기

정답과 오답을 가려내는 역사가 아닌 스스로 생각하고 문제를 찾아가는 역사

"시중엔 아이들이랑 재미있고 쉽게 공부할 만한 역사 워크북이 없어요."
"내용 확인, 단답형 역사 워크북은 문제집이랑 다를 게 없죠."
어린이 역사 논술에 대해 상의하던 중 생각샘들은 이런 고민에 빠졌습니다.
"우리 그동안 독서 활동지 만들고 공부했던 노하우로 역사 워크북 하나 만듭시다!"
"그래요. 우리 정도 내공이라면 뭔가 다른 워크북을 만들 수 있을 거예요."
"우리끼리 만들고 수업하는 것으로 끝내지 말고 출판을 해 보는 건 어때요?"
생각샘들은 내용이 알차고 가장 널리 알려진 어린이 역사책으로 제대로 된 워크북을 만들어 보자는 결론을 내리고, 《한국사 편지》를 기본 책으로 정했습니다. 엄마가 들려주는 한국사라는 형식의 《한국사 편지》가 옛이야기 듣듯 재밌고 쉽게 공부하자는 생각샘의 역사 공부 방향과 딱 맞았기 때문입니다. 또 직접 수업하며 워크북을 만들어 본 책이기에 가장 잘할 수 있는 책이기도 했습니다.
그렇게 생각샘들은 겁도 없이 역사 워크북을 만들어 보자며 의기투합을 했답니다.
생각샘이 만들고자 하는 워크북의 방향을 정하고 제안서와 워크북 샘플을 만들어 출판사에 보내기까지 수개월이 걸렸습니다. 출판을 위한 실제 작업이 진행되고 박은봉 선생님과 토론을 하며 새로운 역사 워크북을 위한 고민을 할수록 처음의 패기는 사라지고 '이거 정말 할 수 있을까?'라는 불안감이 커지기도 했답니다.
수많은 자료와 씨름하고, 치열했던 토의와 아이들의 피드백을 거치며 불안감은 할 수 있다는 열정과 자신감으로 변했습니다. 그리고 드디어 현장에서 생각샘들이 직접 겪고 고민한 노하우가 담긴, 어린이들의 생생한 이야기가 함께한, 어디에도 없던 역사 워크북이 세상에 선을 보이게 되었습니다.
생각샘들이 갖고 있던 역사 공부에 대한 새로운 생각이 우리만의 생각이 아니었음을 인정받는 것 같아 가슴이 뜁니다.
"역사가 이렇게 재미있는 줄 몰랐어요!"
"옛날 사람들은 다 원시인들처럼 살았을 줄 알았는데 우리만큼 똑똑했네요!"
"박물관에 가서 직접 보고 싶어요!"
《한국사 편지 생각책》 집필에 참여한 어린이들은 점차 역사에 재미를 느꼈고, 질문하고 탐구하는 자세로 바뀌었습니다. 역사에 대한 관심과 이해의 중요성이 새삼 강조되는 요즘, 더 많은 어린이들이 이러한 변화를 경험했으면 합니다.

생각샘 대표 필자 이진희

이런 점이 특별해요!

《한국사 편지 생각책》은 《한국사 편지》를 기본 책으로 삼아 어린이들이 한국사를 보다 깊이 이해하고 다양한 생각을 펼칠 수 있게 돕는 워크북입니다.

외우는 역사가 아닌 느끼고 생각하는 역사를 구현

《한국사 편지 생각책》은 사건, 연도, 인물 이름을 얼마나 많이 외우고 있는지 시험하지 않습니다. 단편적인 암기식 학습을 지양하고 역사의 재미와 의미를 어린이 스스로 자연스럽게 체득할 수 있도록 이끌어 줍니다.

학습과 놀이가 균형 있게 통합된 워크북

《한국사 편지》에서 만난 역사 이야기를 토대로 풍부한 사진과 지도, 그림 등 다양한 자료를 활용하여 추론, 상상, 스토리텔링, 놀이를 함으로써 역사를 재미있고 생생하게 느끼고 생각하게 해 줍니다.

《한국사 편지》 저자와 공동 작업

《한국사 편지》 저자가 직접 참여해서 만든 유일한 워크북입니다. 《한국사 편지 생각책》의 모든 문제와 활동은 《한국사 편지》 저자 박은봉과 생각샘 선생님들이 함께 토론하여 만든 것입니다.

어린이 논술, 역사 지도를 하고 있는 선생님들의 현장 노하우

수년간 어린이들에게 역사 · 논술을 지도해 온 선생님들의 풍부한 경험이 응축되어 있습니다. 어린이들의 감성, 사고방식, 교육적 효과 등에 대한 축적된 노하우가 오롯이 담겨 있습니다.

필요한 활동 자료들을 한 권에 모두 수록

《한국사 편지 생각책》에는 만들기, 그리기, 게임하기, 스티커 붙이기 등 다양한 놀이 활동이 들어 있습니다. 그와 같은 활동에 필요한 자료를 한 권에 모두 수록해 놓았으므로 매우 편리합니다.

어린이들이 직접 참여한 현장감 넘치는 문항과 답안

모든 문항과 답안은 생각샘 선생님들과 함께 공부한 어린이들의 반응과 답변을 충실히 반영해서 만들었습니다. 초등학교 3학년부터 6학년에 이르는 어린이들과 직접 역사 수업을 하면서 실제 의견을 보고 들으며 질문의 눈높이나 단계의 구성을 조율하였고, 지침서를 구성하였습니다. 글쓰기와 만들기, 그림 그리기 등에서 발현된 아이들의 개성 있는 작품도 지침서에서 확인할 수 있습니다.

부모님과 선생님을 위한 꼼꼼한 지침서

지침서의 모든 답안은 《한국사 편지》의 내용과 어린이들의 실제 답안을 바탕으로 꼼꼼하게 정리해 만들었습니다. 어린이들의 창의적인 생각들을 폭넓게 실은 지침서는 자유롭게 문제를 풀고 생각하게 하되 답안의 적정한 범위를 어디까지로 보아야 할지 고민스러울 때, 부모님과 선생님을 위한 친절한 나침반이 되어 줍니다.

《한국사 편지 생각책》을 먼저 만나 본 친구들을 소개합니다!

(대화초4 심채이)

안녕? 나는 심채이라고 해. 나는 춤추고 노래하고 연기하는 걸 좋아해. 무대에 서는 것도 좋아하고. 그래서 뮤지컬을 하고 있지. 사실 난 역사에는 관심이 없었어. 그냥 사극 드라마는 재미있게 봐도 역사책은 왠지 어려울 것 같았거든. 그런데《한국사 편지 생각책》수업을 하면서 점점 더 재미있어지고 있어. 옛날 사람들 얘기도 많이 나누고 퀴즈도 풀고 만들기도 하니까 어렵지도 않고 좋더라고. 나중에 왕관을 쓰고 청동 거울과 방울을 허리에 차고 큰 창을 든 청동기 시대의 지배자 역할을 한번 해 보고 싶어. 어때? 재미있겠지?

(한내초4 김서진)

난 패션 디자이너가 꿈이고 그림 그리기를 좋아하는 서진이야. 나는 원래 역사를 좋아해서 유명한 사건들은 알고 있었지만, 자세한 내용들은 잘 알지 못했어. 그런데《한국사 편지 생각책》을 공부하면서 안동 도호부라든지 조우관 같은 것들도 알게 되었어. 자세한 내용을 알게 되니 생각할 것도 더 많아지고 더 재미있는 것 같아.

(일월초5 강예린)

나는 춤추기와 책 읽기를 좋아해. 춤추기 같은 활동적이고 적극적인 성격과 책읽기 같은 조용하고 차분한 성격이 내 안에 다 있나 봐. 좀 특이한가? 책 읽기를 좋아해서 그런지《한국사 편지》도 재미있게 읽었고,《한국사 편지 생각책》활동도 정말 재미있었어. 특히 '생각 한 걸음'부터 '생각 펼치기'까지 차례차례 공부하면서 생각이 더 많아지는 것 같았어. 내가 역사 속의 주인공이 되기도 하고, 중요한 사건을 지켜보는 사람이 되기도 하고. 그러면서 전에는 생각하지 못했던 것들을 이해할 수 있었던 것 같아.

(일월초5 우진식)

나는 건담 로봇을 조립하는 걸 좋아해. 그런데 역사도 건담 로봇 조립하는 것과 비슷한 것 같아. 처음 역사를 배우게 됐을 때는 모르는 사람 이름, 어려운 단어들 때문에 힘들기만 했거든. 마치 건담 로봇을 사 오고 상자를 열었을 때 수많은 부품들을 보고 "휴, 어렵겠다." 한숨을 쉬는 것처럼 말이야. 그런데《한국사 편지 생각책》으로 공부하면서 어려운 단어도 알게 되고, 역사적 사건이나 사람들도 알게 되면서 어렵게만 느껴졌던 조각들이 하나하나 맞춰지는 느낌이 들었어. 역사? 알고 보면 재미있는 퍼즐 맞추기야!

(신도림초3 정선민)

저는 발레를 잘하고 꿈은 발레리나입니다. 대한민국의 자랑스러운 발레리나가 되어 세계적인 무대에 서고 싶습니다. 제가 발레를 하는 데 역사 공부가 어떤 도움을 줄지는 아직 모릅니다. 하지만 선생님과 함께《한국사 편지 생각책》으로 역사 공부를 하면서 역사에 대해 잘 모르던 제가 역사 척척박사가 된 것 같습니다. 여러분도《한국사 편지 생각책》으로 역사 공부를 하면서 역사 척척박사가 되세요.

여기 소개된 친구들 외에 김근아, 김민서, 김서현, 김선우, 김소윤, 남윤지, 성동진, 신승준, 안자연, 유서은, 이승민, 이현아, 최서영 어린이도 참여했습니다.

이렇게 구성했어요!

프롤로그

그림 또는 간단한 글로 단원의 주제를 한눈에 보여 줍니다.
친구나 가족, 선생님과 함께 살펴보고 앞으로 생각하게 될
주제에 관해 이야기를 나눠 보세요.

생각 한 걸음

해당 단원의 핵심 내용을 충분히 숙지하고 있는지 간단히
되짚어 보고 점검하는 단계입니다. 《한국사 편지》를 읽어
보았거나 한국사를 공부하는 친구들이라면 쉽게 대답할
수 있는 간단한 질문들입니다.

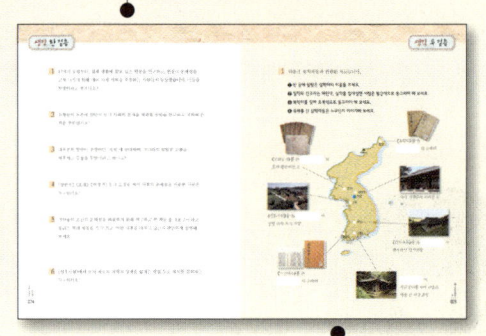

생각 두 걸음

유물과 유적, 지도 등 구체적인 시각 자료를 보며 역사를 입체적으로
이해하는 단계입니다. 지도를 활용해서 지리적인 위치를 파악하거나
유물과 유적을 살펴보며 그 시대의 상황을 유추해 볼 수 있습니다.

깊이 생각하기

역사적 사실에 대해 스스로 생각해 보는 단계입니다. 특정 시대의
사건, 제도, 상황을 살피며 앞뒤의 인과관계를 파악하고, 자신의
이야기로 재해석해 보기도 합니다.

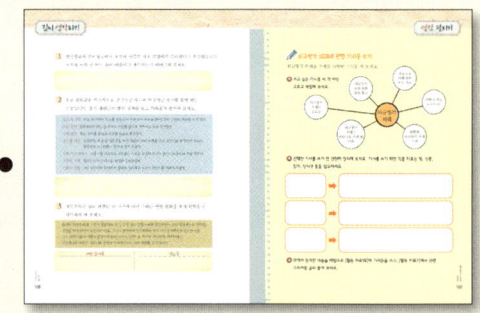

생각 펼치기

역사적 사실에 대한 자신의 생각을 다양한 방식의 글로 써 보는 스토리텔링
단계입니다. 역사적 사실을 한 번 더 살피며 자신의 생각을 일기, 인터뷰,
편지, 시, 만화, 설명문, 논설문 등으로 정리해 표현해 봅니다.

역사와 뛰놀기
다양한 활동과 놀이를 통해 역사 인식을 체화하는 단계입니다.
만들기와 그리기, 보드게임 등 흥미진진한 놀이가 기다리고 있습니다.

역사 공감하기
사고력과 공감력을 확장시키는 단계입니다.
가벼운 마음으로 읽어 보면서 단원을 마무리하고
과거, 현재, 미래를 생각해 봅니다.

활동 자료
각 단원에 필요한 자료입니다.
해당 자료의 번호와 페이지를
확인해서 바로 오려 활용하세요.

지침서
어떤 답변이 나올 수 있는지 확인할 수 있는 지침서입니다.
책의 맨 뒤에 있으니 필요에 따라 분리해서 사용할 수 있습니다.

이렇게 활용해 보세요!

어린이들에게
- 《한국사 편지 생각책》은 《한국사 편지》를 옆에 놓고 함께 보면서 진행하면 더 쉽고 재미있어요.
- 《한국사 편지 생각책》을 시작하기 전에 먼저 《한국사 편지》의 해당 단원을 읽으세요.
- 색칠하거나 만드는 활동들이 있으므로 가까운 곳에 색연필, 사인펜, 가위, 풀 등을 준비해 주세요. 다양한 활동 자료는 혼자서도 활용할 수 있지만 친구나 가족과 함께 해도 재미있습니다.
- 지침서에는 《한국사 편지 생각책》을 먼저 공부한 어린이들의 다양한 답이 실려 있습니다. 문제를 푼 뒤 다른 어린이들의 생각을 살펴보는 것도 재미있습니다.

부모님과 선생님에게
- 부모님 또는 선생님이 어린이와 함께 《한국사 편지 생각책》을 읽으며 서로의 생각을 나눠 보세요. 역사적 사건이나 시대를 상상해 보는 질문은 정해진 답이 없을 수 있어요. 어린이들이 풍부한 상상력으로 다양하게 답할 수 있도록 유도해 주세요.
- 한 번에 너무 많은 양을 하다 보면 지치고 흥미가 떨어질 수 있어요. 어린이가 즐겁게 활동할 수 있는 범위 내에서 수업을 진행해 주세요.
- 지침서에는 각 단원의 학습목표를 표시했으니 지도시 참고해 주세요.

차례

머리말 박은봉 선생님의 이야기
생각샘 선생님들의 이야기
이런 점이 특별해요!
이렇게 구성했어요!

01
정조와 화성 신도시 건설   010
- 생각 펼치기 반차도를 보고 묘사하는 글쓰기
- 역사와 뛰놀기 수원 화성에서 미션 수행하기

02
실학자들의 꿈   022
- 생각 펼치기 정약용 전기문 쓰기
- 역사와 뛰놀기 실학자 카드 게임하기

03
변화하는 농촌과 시장   034
- 생각 펼치기 노동요 새로 짓기
- 역사와 뛰놀기 조선 후기 시장에서 숨은 그림 찾기

04
피어나는 서민 문화   044
- 생각 펼치기 판소리 따라 해 보고 감상문 쓰기
- 역사와 뛰놀기 미니 탈 만들기

05
조선 시대 부부의 사랑과 결혼   056
- 생각 펼치기 결혼식 주례사 쓰기
- 역사와 뛰놀기 꽃가마 만들기

06
김정호와 《대동여지도》   068
- 생각 펼치기 《대동여지도》 추천서문 쓰기
- 역사와 뛰놀기 목적지도 만들기

07
일어서는 농민들   080
- 생각 펼치기 진주 농민이 되어 소지 써 보기
- 역사와 뛰놀기 깃발 놀이를 통해 세금 알아보기

08 서학과 동학　092
- 생각 펼치기　종교 설명하는 글쓰기
- 역사와 뛰놀기　세계 종교 책 만들기

09 쇄국과 개화의 갈림길　102
- 생각 펼치기　외규장각 의궤에 관한 기사문 쓰기
- 역사와 뛰놀기　외규장각 의궤 신문 만들기

10 나라의 문을 열다　112
- 생각 펼치기　강화도 조약 다시 써 보기
- 역사와 뛰놀기　조약 이름 맞히기 게임

11 '3일 천하'로 끝난 갑신정변　124
- 생각 펼치기　김옥균의 편지 쓰기
- 역사와 뛰놀기　태극기 만들기

12 전봉준과 동학 농민 운동　136
- 생각 펼치기　역사 동화 쓰기
- 역사와 뛰놀기　동학 농민 운동 구호 외치기

13 명성 황후, 그 비극의 죽음　148
- 생각 펼치기　아관파천에 관한 보고서 쓰기
- 역사와 뛰놀기　명성 황후 초상화 그리기

14 개항 후 달라진 생활　160
- 생각 펼치기　조선 시대 사람에게 요즘 물건을 설명하는 글쓰기
- 역사와 뛰놀기　종이컵 전화기 놀이하기

활동 자료

책 속 별책　지침서

01
정조와 화성 신도시 건설

생각 한 걸음

1 사도 세자의 아들로서 개혁 정치를 펼친 왕은 누구인가요?

2 정조가 화성 행차를 할 때 한강을 건너기 위해 만든 것은 무엇인가요?

3 당쟁을 뿌리 뽑고 백성들이 편안하게 살 수 있는 정치를 하기 위해 정조가 만든 신도시는 어디인가요?

4 왕실 도서관이면서 정조의 개혁 정치를 뒷받침해 주는 기관으로, 당파와 상관없이 재능 있는 인재를 등용했던 곳은 어디인가요?

5 정조를 호위하기 위해 특별히 만들어, 한양과 화성에 각각 따로 두었던 부대의 이름은 무엇인가요?

6 세도 정치가 무엇인지 설명해 보세요.

생각 두 걸음

1 다음은 《화성성역의궤》에 실린 그림입니다.

❶ 〈화성전도〉를 보고 화성의 성벽을 따라 그려 보세요.

❷ 화성 행궁을 찾아 동그라미 하고, 행궁을 왜 지었는지 이야기해 보세요.

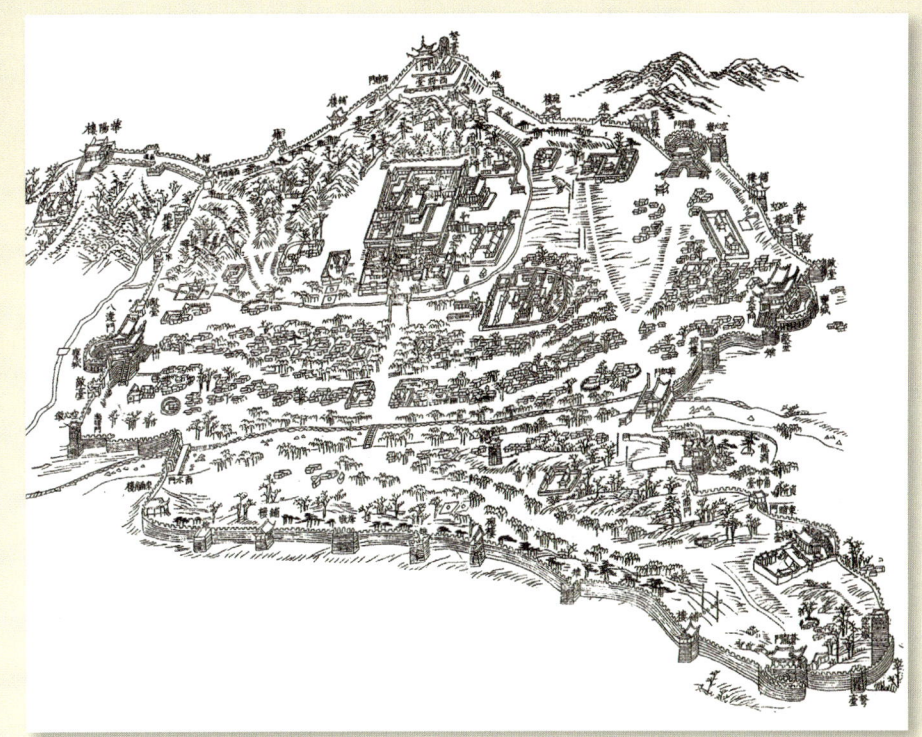

❸ 군사 시설은 빨간색으로, 화성을 지을 때 사용했던 기구는 초록색으로 동그라미를 하고 어떻게 사용했을지 이야기해 보세요.

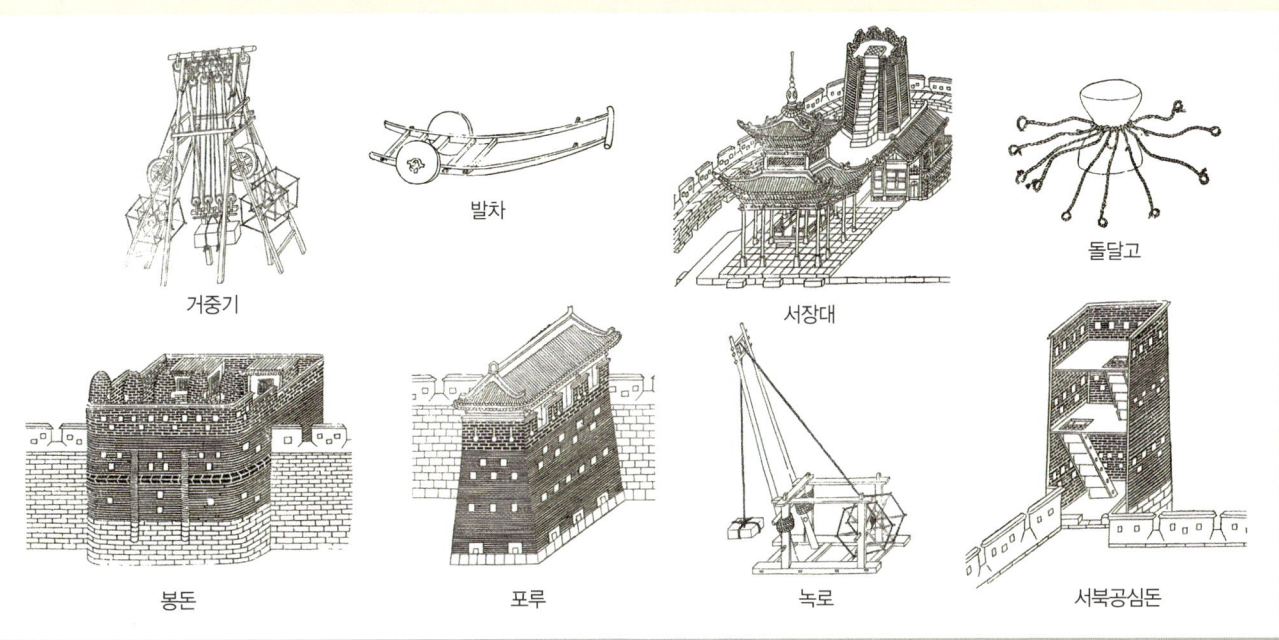

거중기 / 발차 / 서장대 / 돌달고
봉돈 / 포루 / 녹로 / 서북공심돈

2 다음은 을묘년(1795년) 정조의 화성 행차 길을 나타낸 지도입니다.

❶ 창덕궁에서 현륭원까지 정조의 화성 행차 길을 파란색으로 그려 보세요.
❷ 화성 행차 8일 동안 정조가 한 일을 참고하여 각각의 날에 알맞은 스티커를 붙여 보세요. ([활동 자료1] 활용)

첫째 날
어머니 혜경궁 홍씨와 새벽 일찍 창덕궁을 출발. 용산에서 배다리로 한강을 건너 시흥 행궁에 도착.

일곱째 여덟째 날
한양으로 돌아오는 길에 미륵현에서 둥그런 돌 자리에 '지지'라는 이름을 지어 줌. 창덕궁에 도착.

둘째 날
아침 일찍 길을 떠나 만안교를 지나 화성 행궁에 도착.

여섯째 날
가난하고 불쌍한 백성들에게 쌀을 나눠 주고 노인들을 불러 잔치를 벌임. 오후에는 활쏘기 대회를 함.

셋째 날
수원 화성의 향교에서 제사를 지내고 특별 과거 시험을 실시함.

다섯째 날
화성 행궁 봉수당에서 어머니 혜경궁 홍씨의 회갑 잔치를 성대하게 치름.

넷째 날
어머니와 함께 아버지 사도 세자의 묘에 가서 예를 올리고 저녁에는 군사 훈련을 참관함.

3 다음은 《무예도보통지》에 실린 무예 동작입니다.

❶ 다음을 보고 알 수 있는 것을 이야기해 보세요.

❷ 정조는 왜 무예에 관한 책을 만들게 했을까요?

❸ 다음 권법의 모습을 살펴보고 동작을 따라 해 보세요.

깊이 생각하기

1 다음은 화성 건설의 특징입니다. 이 중 화성 건설의 가장 큰 특징이라고 생각하는 것을 고르고 이유를 설명해 보세요.

철저한 관리	공사 실명제	서양 기술 응용	품삯 지급	가까운 곳에서 재료 조달
공사에 필요한 모든 계획, 자금 등에 대해 철저하게 관리하고 기록했다.	공사 책임자, 작업 내용, 참여 인원과 기간 등 모든 세세한 일들을 《화성성역의궤》에 기록했다.	거중기, 녹로 등 서양 기술을 응용한 기계를 제작하여 사용했다.	석수, 목수, 벽돌장, 대장장 등 건설 공사에 참여한 모든 백성에게 품삯을 주었다.	돌은 가까운 팔달산, 숙지산, 여기산 등에서 구하고, 벽돌은 화성 근처에 새로운 가마를 마련하여 제작했다.

2 다음은 정조가 추진한 개혁 정책입니다. 정조는 왜 이런 개혁을 추진했을까요?

- **규장각 설치** 개혁 정치를 뒷받침하는 기관으로 당파와 상관없이 재능 있고 젊은 신하를 규장각 관리로 뽑았으며 서얼 출신 학자들도 등용.
- **장용영 설치** 정조를 호위하는 특별 부대로, 한양과 화성 두 곳에 둠.
- **격쟁과 상언** '격쟁'은 임금이 행차하는 길에 백성이 억울한 일을 호소하는 행위, '상언'은 백성이 국왕에게 직접 올리는 청원서. 정조는 재위 기간 동안 4천 건이 넘는 격쟁와 상언을 받음.
- **금난전권 폐지** 육의전이나 시전 상인들이 나라에 국역을 지는 대신 주요 상품을 독점 판매할 수 있는 권리를 갖는 것을 금난전권이라 함. 정조는 육의전에서 파는 상품을 제외한 나머지 상품을 누구나 자유롭게 사고팔 수 있도록 함.

3 정조의 죽음으로 그의 개혁 정치는 결실을 맺지 못했습니다. 세도가들이 정조의 개혁에 반대한 이유는 무엇일까요?

정조가 죽은 뒤 11세의 순조가 즉위하자 대왕대비인 정순 왕후가 4년간 수렴청정을 하였다. 정순 왕후는 정조의 반대파인 노론 세력의 중심인물이었다. 정조 이후 조선의 정치는 안동 김씨, 반남 박씨, 풍양 조씨 등 몇몇 유력한 집안의 손에 들어갔다. 이렇게 몇몇 유력한 집안이 정치를 뒤흔드는 것을 '세도 정치'라고 한다.

생각 펼치기

 반차도를 보고 묘사하는 글쓰기

《원행을묘정리의궤》에 기록된 반차도 중 〈봉수당진찬도〉를 보고 혜경궁 홍씨의 회갑 잔치 모습을 묘사하는 글을 써 보세요.

> **의궤** 나라에서 행사나 의식을 치를 때 그 과정을 기록해 두는 책이다. 의궤의 구성 요소 중 하나인 반차도에는 행사의 의식과 관리들의 자리, 복식 등이 자세하게 그려져 있다. 반차도는 행사 전에 미리 그려서 행사 당일 의식을 원활히 진행하는 데 도움을 주었다.
>
> **원행을묘정리의궤** 혜경궁 홍씨의 회갑을 기념하는 을묘년 화성 행차의 과정과 내용 등을 자세히 기록한 의궤이다.

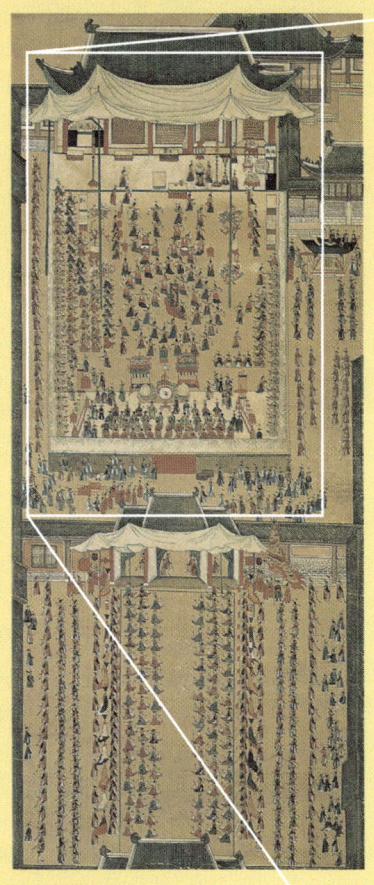

〈봉수당진찬도〉
화성의 봉수당에서 정조의 어머니인
혜경궁 홍씨의 회갑연 잔치 장면

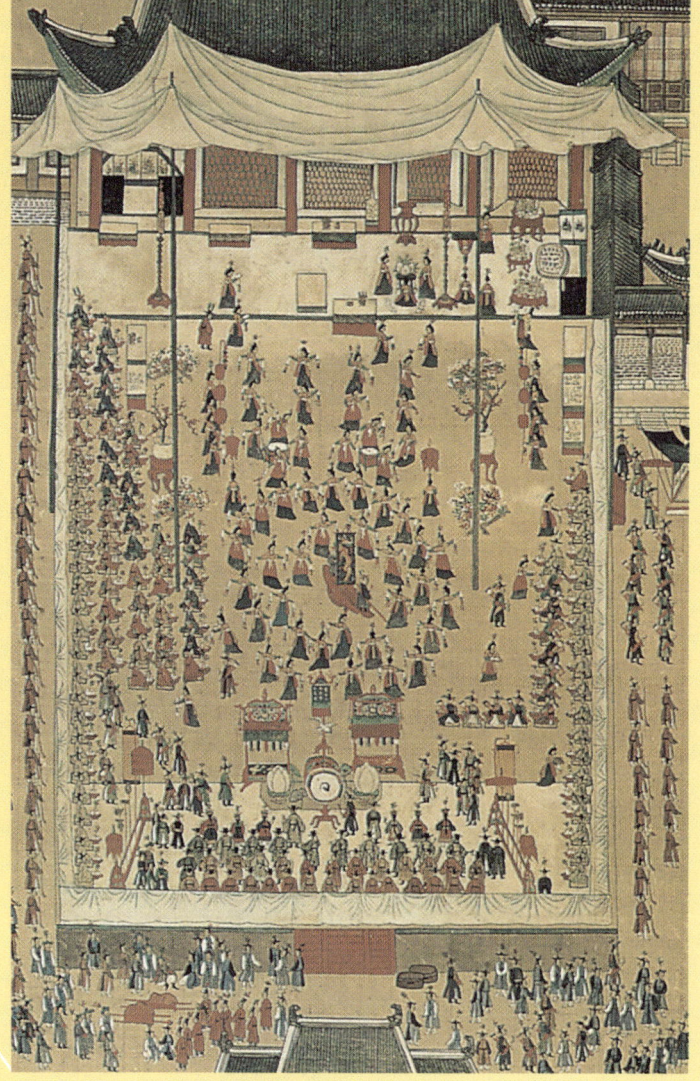

역사와 뛰놀기

수원 화성에서 미션 수행하기

다음 미션 중 다섯 개 이상을 선택한 후 수원 화성에 가서 미션을 수행해 보세요.

준비물
수원 화성 지도

미션
1. 연무대에서 국궁 체험하기
2. 화성 열차 타고 팔달문에서 서장대까지 올라가 보기
3. 화성 행궁 안에 있는 봉수당(혜경궁 홍씨 회갑연 장소) 찾아보기
4. 화성 행궁 옆에 있는 화령전에서 정조 어진 보기
5. 4개의 문(장안문, 창룡문, 팔달문, 화서문)에 방위를 표시하는 깃발 색깔 확인하기
6. 4개의 암문(비밀 문) 중 하나만 찾아보기
7. 수원 화성 야경 보기

역사 공감하기

만약 왕에게 편지를 받는다면 기분이 어떨까? 정조는 편지로 신하들과 소통하기를 원했어.

이 때문에 애가 탄다. 수확하기 전까지는 하루도 걱정하지 않는 날이 없을 것이니, 임금 노릇 하기 어려움이 이와 같단 말인가?

가뭄 때문에 고통 받을 백성을 걱정하면서 임금 노릇 하기 어려움을 털어놓고 있어.

어제 개성 유수의 처리는 이놈의 혈기가 끓어올라 막지 못했다.
그 뒤 생각해 보니 말과 기운을 너무 허비했음을 느끼겠다. 껄껄!

정조는 흥분 잘하고 급한 자신의 성격을 '태양증'이라고 말했어. 참지 못하고 화를 내고 나서는 되돌아보며 껄껄 웃는 정조의 모습이 눈에 보이는 듯해. 그리고 자기 자신을 '이놈'이라고 표현하다니! 신하한테 보내는 편지인데 말야.

숙직하는 긴긴 밤을 종알종알 떠드는 자들과 맞대고 있을 테니 기분 돋울 일이 뭐가 있겠는가? 민요에 '소녀들이 별을 세며, 별 하나 나 하나!'라고 하던데 이 세찬을 앞에 놓고 병조 판서가 한 해를 보낸다면, 나와 함께 하는 것이므로 민요에서 말한 것과 정말 똑같으리라. 이만 줄인다.

섣달 그믐날이었나 봐. 숙직하는 병조 판서를 위해 음식을 내리면서 '소녀들이 별 하나 나 하나! 하는 것과 똑같으리라'고 편지를 써 보냈네. 참 다정도 하구나.

왕으로부터 이런 편지를 받는다면 힘이 나서 열심히 일해야겠다는 생각이 저절로 들 것 같아.

02 실학자들의 꿈

생각 한 걸음

1. 17세기 무렵부터, 실제 생활에 쓸모 있는 학문을 연구하고, 현실의 문제점을 고쳐 나가기 위해 여러 가지 개혁을 주장하는 사람들이 등장했습니다. 이들을 무엇이라고 부르나요?

2. 유형원이 농촌에 살면서 당시 사회의 문제를 해결할 방법을 연구하고 정리해 쓴 책은 무엇인가요?

3. 대부분의 양반이 주장하던 '북벌'에 반대하며, 청나라의 발달된 문물을 배우자는 주장을 무엇이라고 하나요?

4. 《양반전》, 《호질》, 《허생전》 등의 소설을 써서 사회의 문제점을 비판한 사람은 누구인가요?

5. 정약용이 조선의 문제점을 해결하기 위해 연구하고 쓴 책들 중 '1표 2서'라고 불리는 책의 제목을 각각 쓰고, 어떤 내용을 다루고 있는지 간단하게 설명해 보세요.

6. 《성호사설》에서 토지 제도의 개혁과 당쟁을 없애는 방법 등을 제시한 실학자는 누구인가요?

생각 두 걸음

1 다음은 실학자들과 관련된 지도입니다.

❶ 빈 곳에 알맞은 실학자의 이름을 쓰세요.
❷ 실학의 선구자는 파란색, 실학을 집대성한 사람은 빨간색으로 동그라미 해 보세요.
❸ 북학파를 찾아 초록색으로 동그라미 해 보세요.
❹ 유배를 간 실학자들은 누구인지 이야기해 보세요.

《북학의》를 쓴 _____ 의 유배지

《열하일기》를 쓴 _____ 의 호가 만들어진 곳

다산 정약용이 태어난 곳

《성호사설》을 쓴 _____ 이 살던 곳과 그의 사당

《반계수록》을 쓴 _____ 이 공부하던 반계서당

《자산어보》를 쓴 _____ 의 유배지

_____ 이 귀양살이를 하며 수많은 책을 쓴 다산 초당

2 다음은 여러 실학자의 모습과 책입니다.

❶ 말풍선을 읽고 알맞은 실학자 스티커를 붙여 보세요. ([활동 자료2] 활용)

❷ 유형원과 홍대용은 어떤 생각을 했는지 말풍선에 써 보세요.

유형원

ㄱ 스티커

상업을 발전시킬 수 있도록 수레가 다닐 수 있는 길을 내고, 화폐를 사용해야 한다.

한 집에 꼭 필요한 토지 면적을 정해 놓고 그보다 토지가 많은 집은 토지를 사지 못하게 하고, 적은 집은 토지를 사서 늘리게 하자.

ㄴ 스티커

홍대용

❸ 아래의 책들을 보고 어떤 분야의 책인지 이야기해 보세요.

❹ 실학자들이 다양한 분야의 학문을 연구한 이유는 무엇일까요?

《훈민정음운해》
신경준,
국어 음운 연구서

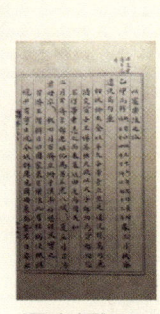
《동사강목》
안정복, 고조선부터
고려 말까지 다룬 역사서

《지봉유설》
이수광, 한국 최초의
백과사전

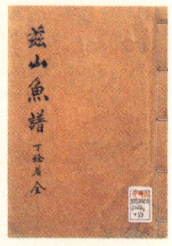
《자산어보》
정약전, 흑산도의
수산 동식물 보고서

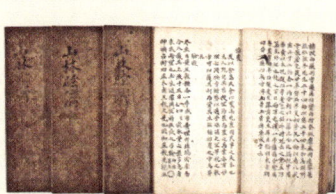
《산림경제》
홍만선, 농업과 일상생활에 관련된 과학 기술서

《마과회통》
정약용, 홍역에 관한 치료법을 담은 의학서

3 다음은 박지원이 청나라에 다녀온 후 쓴 《열하일기》에 나타난 여정입니다.

❶ 박지원이 열하까지 간 길을 따라 그려 보세요.
❷ 박지원이 함께한 사신단이 열하에 간 이유는 무엇인가요?
❸ 박지원은 열하까지 가는 길에 알게 된 청나라의 모습을 보고 어떤 생각을 했을까요?

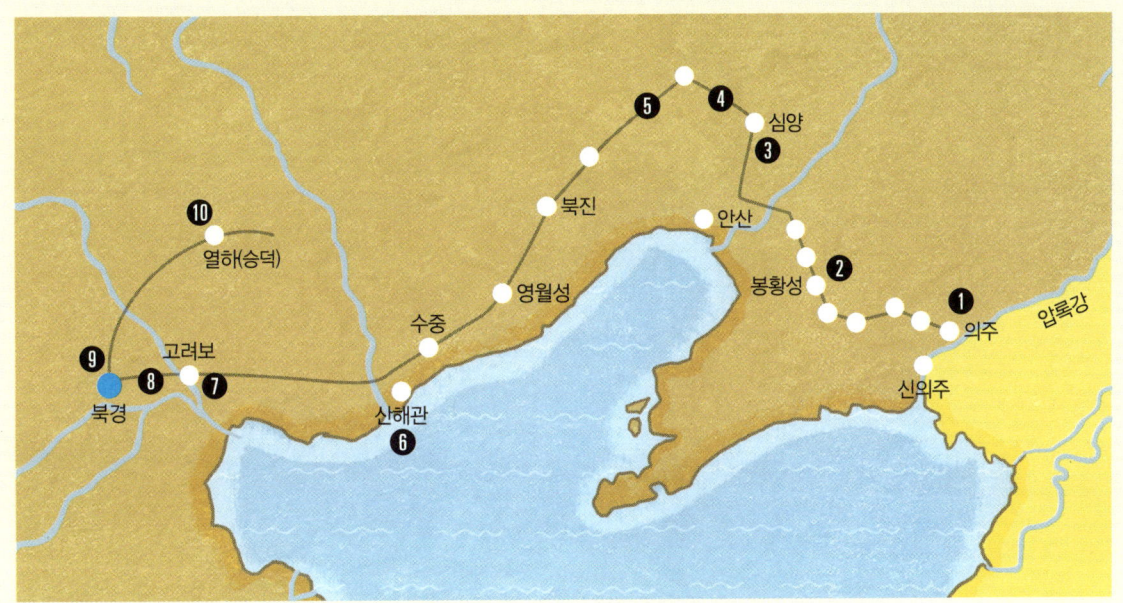

❶ 압록강 물이 장마로 많이 불고 물살이 거세 도저히 건널 수 없었다. 열흘을 기다린 끝에 겨우 강을 건넜다. 청나라 군사와 관리가 국경을 넘는 사신단의 짐을 검사했다. 금지된 물건이 발견될 때에는 엄벌에 처했다.

❷ 벽돌로 지은 집과 성을 보고 그 튼튼함에 감탄했다. 돌로 지은 성과 벽돌로 지은 성, 어떤 것이 더 튼튼할까?

❸ 영웅들이 수없이 싸웠던 심양, 청나라가 처음 일어난 땅이다. 길가의 가게들이 가지런하고 화려하다.

❹ 밤새 심양 구경을 하느라 피곤해 말 위에서 잠이 들었다. 그 바람에 지나가는 낙타를 보지 못했다. 나를 깨우지 않은 하인들을 꾸중했다.

❺ 청나라에서 본 천하제일의 풍경이 무엇이냐고 묻는다면 나는 '깨진 기와 조각과 똥 덩어리'라고 답할 것이다. 깨진 기와 조각과 쓸모없는 똥 덩어리도 활용하는 모습이 장관이다.

❻ 나라의 쓰임새 중 수레보다 중요한 것이 없다. 그런데 조선은 길이 험해 수레가 다니기 힘들다 한다. 수레가 많아지면 길은 자연히 만들어지는 법. 어찌 길의 좁음과 험준함을 탓하고만 있는가!

❼ 병자호란 때 끌려온 조선 사람들이 모여 사는 곳 '고려보'이다. 조선 사람들이 사신단에게 업신여김을 당하는 것이 안타깝다.

❽ 고려보를 떠나 북경으로 향하는 길에 한 가게의 벽에 쓰인 글을 보고 베껴 썼다. 후에 이 글을 다듬어 '호질'이라는 이야기를 만들었다.

❾ 드디어 북경에 도착하여 예부를 통해 황제께 사신단 도착을 알렸다. 황제의 명이 오기 전까지 5, 6일을 유리창이라고 불리는 북경 문화, 상업의 중심지를 구경했다. 그리고 황제로부터 명이 내려졌다. "열하로 오너라."

❿ 황제의 여름 궁전 '피서산장'이 있는 곳이다. 황제의 70번째 생일 '만수절'을 축하하기 위해 주변 국가의 사신들이 모두 모였다.

_박지원의 《열하일기》 중에서

깊이 생각하기

1 조선 후기에 실학사상과 실학자들이 나타나게 된 배경은 무엇일까요?

> 왜란과 호란 이후 토지가 황폐해져 경작지가 150만여 결에서 30만여 결로 줄어들었다.

> 왜란과 호란 이후 양반들은 농민들의 토지를 헐값으로 사들이거나 빼앗아서 대지주가 되었다. 대다수의 농민이 토지를 빌려 경작하는 소작농이 되었다.

> 당시 지배층의 성리학은 명분과 형식에 빠져 실제 생활과는 멀어져 있었다.

> 외국을 통해 서양의 새로운 문물을 접하게 되면서 자극을 받았다.

2 당시 사람들은 청나라와 서양의 문물을 받아들이는 것에 대해 의견이 달랐습니다. 각각의 의견에 알맞은 이유를 써 보세요.

청나라와 서양의 문물을 받아들이는 것에 반대한다.

청나라와 서양의 문물을 받아들여야 한다.

3 조선의 실학자들은 다양한 분야에서 개혁을 주장했습니다. 내가 만약 실학자라면 어떤 부분을 개혁하고 싶은지 이야기해 보세요.

- 이익은 한 집에 꼭 필요한 최소한의 토지 면적을 정해 놓자는 토지 개혁을 주장하였다.
- 유형원은 모든 토지를 나라의 소유로 만든 다음, 다시 농민들에게 나눠 주자는 토지 개혁을 주장하였다.
- 유수원은 상공업을 장려해야 한다고 주장하였다.
- 박지원은 수레, 선박, 화폐를 이용해야 한다고 주장하였다.
- 박제가는 청의 문물을 받아들여야 한다고 주장하였다.
- 홍대용은 과학, 수학 분야의 학문을 연구하고 발전시키려고 했다.
- 정약용은 수령이 고을을 잘 다스려야 한다고 주장하였다.

생각 펼치기

정약용 전기문 쓰기

정약용의 일생을 조사하여 정약용에 대한 전기문을 써 보세요.

> 전기문은 어떤 인물의 일생과 업적, 언행, 성품 등을 사실에 바탕을 두고 기록한 글이다. 전기문은 인물, 배경, 사건, 비평으로 구성된다.
>
> - 인물: 인물의 출생, 성장, 죽음, 성품, 사상 등
> - 배경: 인물이 살았던 때의 사회적, 역사적, 공간적 환경과 인물의 개인적인 환경
> - 사건: 인물의 활동과 업적을 보여 주는 일화
> - 비평: 인물에 대한 글쓴이의 생각이나 느낌, 평가

★ 전기문을 쓰는 다양한 방법 중 한 가지 방법을 선택해 보세요.

자신이 직접 쓴 전기문

- 자서전: 자신의 생애에 대해 자신이 직접 쓴 전기
- 회고록: 자신의 경험을 돌이켜 생각하며 쓴 기록

다른 사람이 쓴 전기문

- 전기: 한 사람의 일생이나 행적을 쓴 기록
- 평전: 한 사람의 일생에 대해 평론을 곁들여 쓴 글

⭐ 정약용에 대해 조사한 내용을 마인드맵으로 정리해 보세요.

⭐ 정리한 내용을 바탕으로 전기문을 써 보세요.

제목 :

역사와 뛰놀기

실학자 카드 게임하기

카드 게임을 하면서 실학자들에 대해 알아보세요.

준비물

실학자 카드([활동 자료12] 활용), 가위나 칼

방법

1. [활동 자료12] 실학자 카드를 오리세요.
2. 모든 카드를 뒤집어 골고루 섞은 후 가로 6줄 세로 4줄로 놓으세요.
3. 가위, 바위, 보로 차례를 정하세요.
4. 한 번에 두 장의 카드를 뒤집어 두 카드가 관련이 있는 카드면 가져가고, 그렇지 않으면 제자리에 뒤집어 놓으세요.
5. 카드를 많이 가진 사람이 이깁니다.

역사 공감하기

상반신은 사람의 모습이고 하반신은 물고기의 모습인 것은?
그래, 바로 인어야. 인어는 덴마크의 작가 안데르센이 쓴 인어공주 이야기에서 슬픈 사랑의 주인공으로 등장하지. 그런데 조선 시대 책에도 인어가 등장한단다. 안데르센을 따라 한 거 아니냐고? 절대 아니야. 안데르센의 인어공주 이야기보다 훨씬 먼저 쓰인 책이거든. 게다가 동화책이 아니라 바다 생물을 설명한 책에 등장한단다. 바로 정약전이 쓴 《자산어보》라는 책이야. 정약전은 정약용의 형이지. 정약전은 천주교를 믿었다는 죄목으로 육지에서 멀리 떨어진 섬 흑산도로 유배를 갔는데, 그곳에서 신기한 바다 생물들을 많이 보았어. 그 생물들의 생김새며 크기, 습성, 맛 등을 자세하게 기록한 것이 《자산어보》야. 정약전은 본래 그림으로 그리려고 했는데, 동생 정약용이 그림보다 글로 쓰는 게 좋겠다고 하여 그 충고대로 글로 썼단다. 정약전이 묘사한 인어의 모습을 한번 보자꾸나.

> 길이가 8자나 되며 몸은 보통 사람과 같고 머리는 어린아이와 같으며,
> 턱수염과 머리카락은 치렁치렁하게 아래로 드리워졌고,
> 하체는 암수의 구별이 있어 사람의 남녀와 서로 매우 닮았다.

어때? 정약전이 본 인어의 모습이 그려지니? 흑산도 근처에는 아마 사람 비슷하게 생긴 바다 생물이 있었나 봐. 정약전 덕분에 지금 우리는 당시의 바다 생물에 대해 자세히 알 수 있단다.

03
변화하는 농촌과 시장

생각 한 걸음

1 모판에 씨를 뿌려서 싹이 나면 적당한 때에 옮겨 심는 벼농사 방법을 무엇이라고 하나요?

2 농촌 마을에서 모내기나 김매기 같은 힘든 일을 공동 작업으로 하는 풍습 또는 그런 공동 작업을 위해 만든 조직을 무엇이라고 하나요?

3 이모작을 설명해 보세요.

4 쟁기로 밭을 깊게 갈아서 이랑과 고랑을 만든 다음, 고랑에다 씨를 뿌리는 농사 방법은 무엇인가요?

5 장이 서는 곳마다 돌아다니며 물건을 팔고, '봇짐장수', '보부상', '등짐장수'라고도 불렸던 장사꾼들은 누구인가요?

6 시전이 가진 특별한 권리로, 난전을 금지할 권리라는 뜻을 가진 말은 무엇인가요?

생각 두 걸음

1 다음은 조선 후기의 농업, 상업과 관련된 풍속화입니다.

❶ 그림을 보고 상상해서 제목을 지어 보세요.

❷ 그림 중 하나를 골라서 그림 속 상황을 이야기해 보세요.

㉠

㉡

㉢

㉣

㉤

㉥

2 다음은 조선 후기의 농기구와 농사 시설입니다.

❶ 다음을 보고 농기구와 농사 시설을 어떻게 사용했는지 이야기해 보세요.

❷ 물과 관련된 농기구와 시설이 많은 이유는 무엇일까요?

그네

써레

무자위

저수지(19세기 수원 축만제)

용두레

오줌장군

깊이 생각하기

1 조선 후기에는 모내기법, 골뿌림법 등 농업 기술이 발달했습니다. 농업 기술의 발달로 백성들의 생활은 어떻게 변화되었을까요?

2 다음 단어들을 이용해서 조선 후기에 상업이 발달할 수 있었던 이유를 이야기해 보세요.

> 상평통보, 도량형, 상품작물, 보부상, 5일장, 교통로, 금난전권 폐지, 시전

3 조선 후기에 다음과 같은 사람들이 등장했습니다. 이들의 등장으로 조선 사람들의 생각은 어떻게 바뀌었을까요?

| 역관 중에는 외국과 무역을 하거나 돈을 빌려주고 비싼 이자를 받아서 부자가 된 사람이 생겼다. | 농업 기술이 발달하여 넓은 땅을 경작하는 사람이 많아지고 생산량이 크게 늘면서 농민 중에 부농이 생기기 시작했다. | 양반의 수는 많아지고 관직의 수는 한정되어, 오랫동안 관직에 나가지 못한 양반 중에서 몰락한 양반이 생기기 시작했다. | 농촌에서 경작할 토지가 없어진 농민 중 많은 사람이 도시로 가서 일자리를 구했다. |

생각 펼치기

 ## 노동요 새로 짓기

옛사람들은 일을 할 때 노래를 부르며 힘을 냈다고 합니다. 일을 할 때 힘이 날 수 있는 노래를 만들어 보세요.

> 노동요: 일을 하면서 부르는 노래. 일의 고됨을 잊고 효율적으로 일을 하기 위해 흥을 돋우는 노래이다. 입에서 입으로 전해내려 왔으며, 농업이 중심인 우리나라에서는 농사짓기에 관련된 노동요가 많다. 또한 노동요의 가사는 백성들의 생활 모습과 생각을 담고 있어 당시 백성들의 삶을 알 수 있는 중요한 자료이기도 하다.
> ★ 인터넷에서 각 지역별 '디지털문화대전'을 검색하면 노동요를 직접 들어 볼 수 있습니다.

보리타작 소리 (경상북도 영덕군)

억만군사야 뚜드려보자   어허 타작이야
천석으로 뚜드르까   어허 타작이야
만석으로 뚜드르까   어허 타작이야

〈보리타작 소리〉는 도리깨로 보리를 타작하며 부르던 노동요이다. 보리타작은 여러 사람이 빠르게 도리질을 해야 하므로 박자를 맞추기 위해 불렀다. 한 사람이 앞소리를 메기면 나머지 사람이 후렴을 받아 부르는 형식이다.

상사소리 (경기도 용인 지역)

에~얼럴럴 상사뒤야   에~얼럴럴 상사뒤야
에~얼럴럴 상사뒤야   한마디를 도로갖고
한마디는 그냥 갖고   천하지 대본은 농부로다
이 논배마다 벼를 심고   장잎이 훨훨 날아
어 얼럴럴 상사뒤야   올 농사 잘 지으면
부모님께 공양하고   어 얼럴럴 상사뒤야
여봐라 농부들 말 들어라   동지섣달 엄동설한
춘하추동 다 지나고   춘하춘봄 되었구나
에~얼럴럴 상사뒤야   상사로구나 상살러냐
누구를 그러서 상살러냐   부모를 그려서 상사로구나

〈상사소리〉는 경기도 용인 지역에서 김매기를 하며 부르던 노동요이다. '에~얼럴럴 상사뒤야'라는 후렴구가 붙어 '상사소리'라고 불린다.

들나물 캐는 노래 (경기도 고양시)

아장아장 나물가자   무슨나물 가자느냐
개똥밭에 돌미나리   아삭바삭 도려다가
청강수 물에 싹 데쳐서   한강물에 흔들어서
어머님은 은반상이요   아버님은 금반상이요   오라버닌 꽃반상이요

나물 캐는 노래는 산골 처녀들이 나물을 캐며 부르는 노래이다. 가장 대표적인 노래로는 강원도에서 전해지는 〈도라지 타령〉이 있다.

⭐ 내가 알고 있는 다양한 직업을 써 보세요.

⭐ 위의 직업 중 1개를 골라 일을 할 때 힘이 날 수 있는 노래를 만들어 불러 보세요.

역사와 뛰놀기

조선 후기 시장에서 숨은 그림 찾기

조선 후기 시장을 그린 그림입니다. 그림 속에서 다음의 사람들을 찾아보세요.

역사 공감하기

농사를 잘 지으려면 물만큼이나 중요한 것이 거름이야. 친구 집에 놀러 갔다가도 뒷간에 가고 싶으면 얼른 집으로 달려왔다는 얘기, 들어 봤을 거야. 자기 집 뒷간에서 볼일을 보려고 그랬다나. 얼마나 거름이 귀하고 소중했으면 그랬겠니.

그런데 박제가가 쓴 《북학의》라는 책을 보면 이런 대목이 나온단다.

> 청나라 사람들은 거름을 금처럼 아끼고, 재를 함부로 버리는 일이 없다. 그런데 조선은 성 안에 있는 똥을 전부 처리하지 못해 길마다 냄새가 지독하다. 똥을 치우지 않고, 재도 함부로 길에다 버려 지저분하기가 말도 못한다. 시골에는 사람이 적어 거름을 구하려 해도 충분하지 않은데 도성 안에는 귀한 거름을 마구 버리니 이것은 몇 만 섬의 곡식을 버리는 것과 같다.

왜 도성 안에서는 거름이 길에 버려졌을까? 그건 도성 안에서는 농사를 지을 수 없었기 때문이라고 해. 도성 밖에서는 거름이 부족하고 도성 안에는 거름이 넘쳐나고. 참 고르지 않지?

그런데 이 문제를 단번에 해결해 주는 해결사가 나타났어. 바로 똥장수. 도성 안의 똥을 퍼서 도성 밖에 내다파는 사람이야. 똥장수가 퍼 나른 거름 덕분에 도성 근처의 논밭에서는 무, 고추, 마늘 같은 상품 작물들이 쑥쑥 자랐다고 해. 그러고 보니 똥장수야말로 조선 시대에 농업과 상업을 발전시키는 데 숨은 공로자였다는 생각이 드네.

04
피어나는 서민 문화

서민문화예술단의 유망주

- 이름: 실감나
- 직업: 전기수
- 특기: 목소리와 몸짓까지 섞어 가며 책을 실감나게 잘 읽음.

- 이름: 꾀꼬리
- 직업: 소리꾼
- 특기: 소리를 잘해 나라로부터 벼슬을 받음. 《심청가》, 《흥부가》를 완창할 수 있음.

- 이름: 말뚝이
- 직업: 광대
- 특기: 양반 비꼬기. '봉산탈춤' 극단에서 맹활약 중.

- 이름: 쓱그려
- 직업: 서민 화가
- 특기: 귀신 쫓는 호랑이 그림을 잘 그림. 화려한 원색을 주로 사용함.

이 사람들 말고도 우리 극단엔 아주 특별한 재주를 가진 사람들이 많단다. 어떤 사람들이 있는지 알아볼까?

생각 한 걸음

1. 조선 시대에 길거리에서 소설을 실감나게 읽어 주는 사람을 무엇이라고 불렀나요?

2. 신재효가 정리한 판소리의 여섯 마당을 써 보세요.

3. 탈춤의 하나로서 궁궐에서 나쁜 귀신을 쫓는 '나례희'를 벌일 때 공연하기도 했던 놀이를 무엇이라고 부르나요?

4. '백성들의 그림'이라는 뜻으로, 서민 화가들이 그린 그림을 무엇이라고 하나요?

5. 나라에서 돈이나 쌀을 받고 판 양반 증서는 무엇인가요?

6. 사물놀이의 원래 이름은 무엇인가요?

생각 두 걸음

1 다음은 조선 후기의 그림들입니다.

❶ 그림에서 풍속화, 진경산수화, 민화를 찾아 각각 다른 색으로 동그라미 하세요.
❷ 풍속화, 진경산수화, 민화의 특징을 이야기해 보세요.

2 다음은 전국의 탈춤 지도입니다.

❶ 빈칸에 알맞은 탈춤 이름을 써 보세요.
❷ 탈춤은 주로 언제 어디서 공연했을까요?
❸ 각 지역의 탈춤 중에서 내가 보고 싶은 탈춤을 골라 보고 그 이유를 이야기해 보세요.

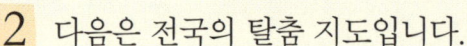

탈춤 이름	지역	특징
송파 산대놀이	서울특별시 송파구	조선 후기 큰 장이 섰던 송파 지역에서 전승되어 내려온 탈놀이이다.
강릉 관노 가면극	강원도 강릉	강릉 단오제 때 펼쳐지는 탈놀이로, 국내 유일의 무언 가면극이다. 관노비들이 맡아 했다.
북청 사자놀이	함경남도 북청군	음력 정월 15일, 대보름에 행해지던 사자놀이다.
탐라국 입춘굿 놀이	제주도	입춘 날 제주 관아에서 관리들과 무당들이 같이 행하던 굿 놀이다.
안동 별신굿 탈놀이	경상북도 안동시	마을의 안녕과 농사가 잘되기를 기원하는 굿 놀이다.
봉산 탈춤	황해도 봉산	봉산 지역에서 행해지던 탈춤. 황해도를 대표하는 탈춤이 되었다.
통영 오광대놀이	경상남도 통영시	오광대의 '오'는 다섯 마당으로 논다는 뜻이다.

3 다음은 판소리와 관련된 그림입니다.

❶ 빈칸에 알맞은 단어를 써 보세요.

발림	판소리에서 소리꾼이 소리를 하면서 표현하는 동작.
고수	북이나 장구 등을 치는 사람.
소리꾼	소리를 하는 사람.
추임새	고수나 관객이 흥을 돋우기 위해 넣는 감탄사. '좋지', '얼씨구', '흥' 등이 있다.

❷ 판소리의 3요소는 소리꾼, 고수, 관객입니다. 판소리에서 관객은 추임새를 하며 공연의 흥을 돋웁니다. 관객들의 추임새를 자유롭게 써 보세요.

깊이 생각하기

1 다음은 판소리 다섯 마당의 줄거리입니다. 글을 읽고 조선 후기 사람들이 이런 내용의 이야기를 좋아한 이유를 생각해 보세요.

춘향가
기생의 딸 성춘향과 양반의 아들 이몽룡이 신분을 뛰어넘어 사랑하게 되는 이야기다. 남원에 있던 이몽룡이 한양으로 떠나자, 변 사또가 춘향을 괴롭힌다. 결국, 과거에 급제해 암행어사가 된 이몽룡은 죽기 직전의 춘향을 구하고, 둘의 사랑은 이루어진다.

심청가
맹인 심학규의 딸 심청은 태어나자마자 어머니를 잃었다. 15세에 아버지의 눈을 뜨게 하려고 공양미 300석을 받는 대가로 인당수에 몸을 던졌다. 하늘이 도와서 다시 살아나 황후가 되어 맹인 잔치에서 아버지를 만나고 심 봉사는 눈을 뜨게 된다.

흥부가
가난하지만 착한 동생 흥부는 부러진 제비 다리를 고쳐 준다. 제비가 물고 온 박씨를 심자, 박 속에서 보물이 나와 부자가 된다. 부자이지만 못된 형 놀부는 일부러 제비 다리를 부러뜨려 박씨를 얻었지만 결국 벌을 받는다.

수궁가
병이 든 용왕은 토끼 간을 먹으면 낫는다는 말을 듣고, 자라를 시켜 토끼를 용궁에 데려오게 한다. 하지만 토끼는 꾀를 내어 용왕을 속이고 다시 육지로 나와 목숨을 건진다.

적벽가
중국의 소설 《삼국지연의》 중 조조와 유비와 손권이 서로 싸우는 내용을 판소리로 만들었다. 적벽강에서 벌어지는 적벽 대전이 주된 이야기이다.

2 양반들이 독차지했던 문화와 예술에 서민들도 관심을 갖게 된 이유는 무엇일까요?

3 조선 시대 사람들이 즐기던 판소리, 탈춤 등을 현대에 무형 문화재로 지정한 이유는 무엇일까요?

> 무형 문화재란 역사적, 예술적으로 가치가 높은 춤, 연극, 음악, 공예 기술 등을 말한다. 탑이나 건물과 달리 형체가 없는 문화재이기 때문에 춤, 연극, 음악 등을 직접 하거나 공예 기술을 가지고 있는 사람이 문화재 지정 대상이 된다.

생각 펼치기

판소리 따라 해 보고 감상문 쓰기

다음은 판소리 《심청가》 중 심봉사가 눈 뜨는 대목입니다. 내용을 먼저 읽고 판소리를 들은 후 따라 해 보세요. 그리고 그 느낌을 감상문으로 써 보세요.

> 판소리는 소리꾼 혼자서 모든 등장인물 역할을 한다. 판소리 한 마당을 처음부터 끝까지 부르는 것을 완창이라 하는데 완창은 판소리에 따라 2~8시간 정도 걸린다. 심청전의 완창 시간은 약 3시간이다. 판소리는 2003년 유네스코 인류 무형 문화유산으로 등재되었다.

심황후 거동 보아라.

이 말이 지듯 말 듯 산호주렴을 거들쳐 버리고
버선발로 우루루루루 부친의 목을 안고
아이고 아버지, 심 봉사 깜짝 놀라 아버지라니 누구요.
아이고 나는 아들도 없고 딸도 없소.
무남독녀 외딸하나 물에 빠져 죽은 지가 우금 삼년인디, 이것이 웬 말이오.

아이고 아버지, 여태 눈을 못 뜨셨소.
인당수 풍낭 중에 빠져 죽던 청이가, 살아서 여기 왔소.
어서어서 눈을 떠서 소녀를 보옵소서.
심 봉사가 이 말을 듣더니 어쩔 줄을 모르난디, 에이 내 딸이라니.
아니 내 딸이라니. 내가 죽어 수궁천지를 들어왔느냐.
내가 지금 꿈을 꾸느냐.
이것 참말이냐.
죽고 없는 내 딸 심청, 여기가 어디라고 살아오다니 웬 말인고.
내 딸이면 어디 보자.
아이고 내가 눈이 있어야 내 딸을 보제, 아이고 갑갑하여라 어디 내 딸이면 좀 보자.
눈을 끔적 끔적끔적 끔적끔적 끔적끔적 끔적끔적 끔적끔적 끔적이허더니 만은
그저 두 눈을 번쩍 딱 떴던가.

유네스코 등재 컨텐츠/판소리 심청가 심봉사 눈 뜨는 대목4
★음원 듣기 참고: kocca 문화컨텐츠닷컴(http://www.culturecontent.com)

⭐ 심청가를 따라 해 보면서 느낀 점이나 떠오른 생각을 단어로 써 보세요.

⭐ 쓴 단어를 참고해서 감상문을 써 보세요.

제목 :

역사와 뛰놀기

미니 탈 만들기

다음 여러 가지 탈 모양을 참고하여
자신만의 미니 탈을 만들어 보세요.

준비물
클레이(여러 가지 색깔), 둥근 자석, 본드

방법
1. 클레이를 동그랗게 만들어요.
2. 기본 모양에 자신이 만들고 싶은 탈 모양으로 꾸미세요.
3. 본드를 이용해 미니 탈을 둥근 자석에 붙여 보세요.

북청 사자놀이에 사용되는 탈들

오광대놀이에 사용되는 탈

하회 탈놀이에 사용되는 탈들

여러 가지 탈

역사 공감하기

중국의 사자춤

일본의 가부키

스페인의 플라멩코

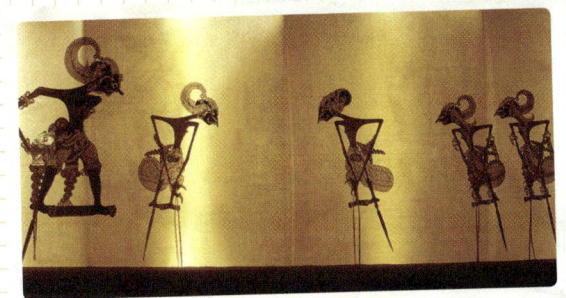
인도네시아의 와양

우리 조상들이 판소리, 한글 소설, 탈춤, 꼭두각시놀음 등을 즐길 때, 다른 나라 사람들은 무얼 하며 놀았을까? 중국에는 사자춤, 일본에는 가부키, 스페인에는 플라멩코, 인도네시아에는 와양이 있단다.
중국의 사자춤은 새해가 시작되는 날, 결혼식 날 등 즐겁고 경사스러운 날에 하는 놀이야. 우리나라에도 사자가 나오는 춤이 있지? 봉산 탈춤, 북청 사자놀음 말이야.
일본의 가부키는 얼굴에 마치 가면처럼 짙은 화장을 하고서 하는 연극이야. 등장인물의 신분은 옷으로 표현했어. 높은 신분은 화려하게, 평민은 소박하게 말이지.
스페인의 플라멩코는 민요, 춤, 음악이 한데 어우러진 민중 예술이란다. 가수는 노래를 부르고 무용수는 구두 소리, 손뼉 치는 소리, 손가락 통기는 소리를 내며 춤을 추었지. 관중들은 이 모습을 보며 환호했단다.
인도네시아의 와양은 꼭두각시 인형을 갖고 하는 그림자 연극이야. 우리나라에만 인형극이 있었던 게 아니었나 봐. 인도네시아의 와양도 우리나라의 꼭두각시놀음처럼 재미있을까?
비록 사는 곳은 서로 다를지라도 춤과 놀이를 좋아하고 사랑하는 것은 인간의 공통점인가 봐.

05
조선 시대 부부의 사랑과 결혼

생각 한 걸음

1 16세기의 학자이자 관리 유희춘이 쓴 일기는 무엇인가요?

2 율곡 이이의 어머니로 조선 시대 여성 시인이며 화가로 알려진 사람은 누구인가요?

3 결혼할 때 신랑 신부가 표주박 잔으로 나눠 먹는 술을 무엇이라고 하나요?

4 오늘날 우리가 전통 혼례라고 부르는 것으로, 결혼식은 신부 집에서 하고 결혼 후 살림은 시집에서 하는 풍습을 무엇이라고 하나요?

5 조선 시대 양반 여성들이 '사임당'이나 '윤지당'처럼 이름 외에 가졌던 호칭을 무엇이라고 하나요?

6 '하늘에서 받은 성품은 애당초 남녀 간에 차이가 없다.'고 선언했으며 조선 시대에 성리학을 연구한 여성 철학자는 누구인가요?

생각 두 걸음

1 다음은 조선 시대 여성과 관련된 내용입니다.

❶ 그림을 보고 조선 시대 여성들이 어떻게 살았을지 상상하여 자유롭게 이야기해 보세요.

❷ 다음은 조선 시대 여성들이 쓴 책입니다. 책의 지은이를 찾아 알맞은 곳에 써 보세요.

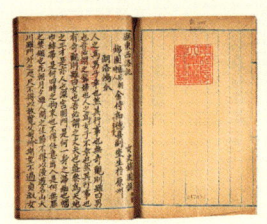
《호동서낙기》

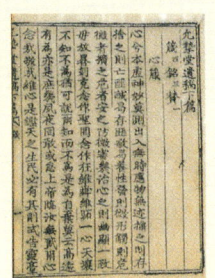
《윤지당유고》

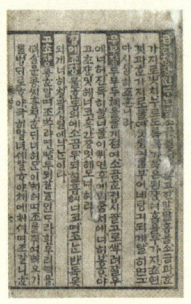
《규합총서》
이빙허각

김금원 (1817~?)	• 14세에 남장을 하고 금강산 여행을 다녀왔다. • 호서, 관동, 의주(서), 서울(낙)을 다니며 글을 썼다.
안동 장씨 (1598~1680)	• 음식을 조리하는 방법, 술 빚는 방법을 글로 썼다.
이사주당 (1739~1821)	• 태교의 방법과 효과 등을 글로 썼다. • 태교의 책임이 남편에게 있다고 강조했다.
김삼의당 (1769~1823)	• 시 260수와 남편 하욱에 대한 사랑을 글로 썼다.
이빙허각 (1759~1824)	• 가정생활에 필요한 것들에 대해 설명한 백과사전을 썼다.
임윤지당 (1721~1793)	• 성리학 이론 연구와 중국의 역대 인물을 연구한 글을 썼다.

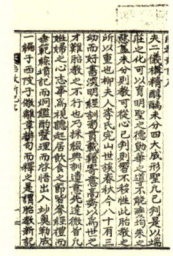
《태교신기》

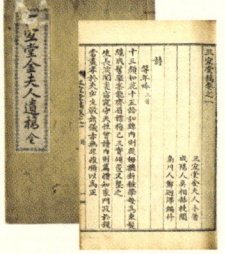
《삼의당고》

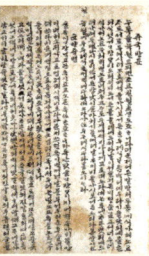
《음식디미방》

2 다음은 조선 시대 결혼식 과정을 보여 주는 그림입니다. 설명을 읽고, 알맞은 스티커를 붙여 보세요. ([활동 자료3] 활용)

❶ 함을 지고 가는 함진아비와 어둠을 밝히는 청사초롱을 찾아 동그라미 해 보세요.

납폐 신랑 집에서 신부 집에 혼인을 허락해 주어서 고맙다는 글과 선물을 보낸다.

오곡 주머니
(대추,밤,팥,은행,목화)

함과 관련된 스티커를 붙이세요.

❷ 신랑의 얼굴을 가리는 사선에 동그라미 해 보세요.

초행 혼례식을 위해 신랑이 신부 집으로 간다.

신랑의 옷차림과 관련된 스티커를 붙이세요.

❸ 신랑과 신부의 행복을 비는 나무 기러기를 찾아 동그라미 해 보세요.

혼례 신랑이 나무 기러기에 절을 한 후, 신랑과 신부는 절을 하고 술잔을 나눈다.

신부의 옷차림과 관련된 스티커를 붙이세요.

❹ 귀신이 따라오지 못하도록 준비한 호랑이 가죽을 찾아 동그라미 해 보세요.

신행 혼례를 마친 후 신부는 준비한 혼수품을 가지고 신랑의 집으로 함께 간다.

버선

혼수품과 관련된 스티커를 붙이세요.

❺ 신부가 시부모님께 절을 하면, 시부모는 신부에게 자식을 많이 낳으라는 의미로 무엇을 던져 주었을까요?

현구고례
신부가 시부모님과
시댁 어른께
폐백을 올린다.

폐백 음식과 관련된 스티커를 붙이세요.

깊이 생각하기

1 조선 전기에서 후기로 넘어가면서 백성들의 예법이나 풍습에 어떤 변화가 있었는지 정리해 보세요.

	결혼 풍습	제사	재산 상속
조선 전기	신부 집에서 결혼식을 한 뒤, 신랑과 신부가 신부 집에서 살면서 자식을 낳아 어느 정도 키운 다음 신랑 집으로 가서 살았다.	아들이 없으면 딸과 사위가 제사를 지냈고, 형제가 돌아가면서 제사를 지냈다. 친손자와 외손자를 차별하지 않아 외손자가 제사를 지내는 경우도 흔했다.	아들과 딸을 차별하지 않고 재산을 골고루 나누어 주었다.
조선 후기			

2 앞에서 정리한 변화 중에서 당시 사람들의 생활에 가장 큰 영향을 주었다고 생각하는 것을 고르고, 그 이유를 써 보세요.

3 다음의 속담을 읽어 보고, 속담에 담긴 뜻을 알아보세요. 그리고 속담에 대한 자신의 생각을 이야기해 보세요.

- 여자 셋이 모이면 그릇이 깨진다.
- 남아일언 중천금
- 암탉이 울면 집안이 망한다.
- 남자 셋이 모이면 없는 게 없다.

생각 펼치기

 결혼식 주례사 쓰기

주례가 되어 결혼 생활을 시작하는 부부에게 들려줄 주례사를 써 보세요.

> **주례**: 결혼 예식의 중심이 되어 진행하는 일이나 그 일을 맡아서 하는 사람.
> **주례사**: 주례하는 사람이 예식에서 신랑, 신부 및 내빈에게 전하는 축사를 말한다. 주례사에는 결혼하는 부부를 소개하는 말, 부부에게 당부하는 말, 축복하는 말 등의 내용이 들어간다.

참고

주례사

부모님과 여러 친지 앞에서 새로운 가정을 이루는 신랑과 신부를 축복하며, 두 사람에게 당부의 말을 하려 합니다.

두 사람은 수십 년 동안 각자 다른 문화와 생활 습관을 누리며 살아왔습니다. 그러므로 결혼 생활을 시작하며 작은 다툼이 생길 수도 있습니다. 원만한 결혼 생활을 위해 다음과 같이 해 보십시오.

첫째, 하루에 한 번 시간을 정해 대화를 하는 것입니다. 하루 동안 있었던 작은 일들을 이야기하며 서로에게 귀를 기울여 보십시오. 이때는 내 이야기만을 하는 것이 아니라 상대방의 이야기를 들어주는 것이 중요합니다. 이야기를 들어주는 습관을 들이면 서로를 이해하기가 쉬워집니다.

둘째, 함께 취미 생활을 하는 것입니다. 운동이나 독서, 음식 만들기 등을 함께 하며 많은 이야깃거리를 만들어 보십시오. 결혼 생활을 하며 남는 것은 함께 나눈 추억입니다. 즐거운 추억이 많으면 힘든 일이 닥쳤을 때 이겨내는 데 큰 힘이 됩니다.

앞으로 두 사람이 행복과 기쁨을 나누고, 어려움을 현명하게 헤쳐 나가기를 바라며 이만 주례사를 마칩니다. 감사합니다.

역사와 뛰놀기

꽃가마 만들기

조선 시대 신부가 탔던 꽃가마를 상상하여 자유롭게 만들어 보세요.

준비물
우유갑(1000mL), 나무젓가락, 색지, 각종 장식, 가위, 칼, 접착제

만드는 방법

① 우유갑을 깨끗이 씻어 말리세요.

② 뒷면은 길게 남기고, 양쪽 옆면은 둥글게 앞면은 직선으로 자르세요.

③ 우유갑에 풀칠하여 색지를 붙이세요.

④ 길게 남긴 뒷면을 앞으로 기울여 나머지 면과 붙여 가마의 지붕을 만드세요.

⑤ 가마의 지붕에 색지를 붙이고, 각종 장식으로 예쁘게 꾸며 보세요.

⑦ 우유갑 아래에 나무젓가락을 붙여 주면 완성!

⑥ 칼을 사용하여 문을 만드세요.

> 칼은 위험하니 조심하여 사용하세요.

역사 공감하기

너의 결혼에 대해 생각해 본 적이 있니? 몇 살에 결혼하는 것이 좋을까?

2014년 통계청 자료에 따르면 우리나라 젊은이들이 결혼하는 평균 나이는 남자 32.2세, 여자는 29.6세래. 결혼 평균 연령이 10년째 계속 높아지고 있단다.

결혼은 빨리 하는 것이 좋을까? 늦게 하는 것이 좋을까?

아직 멀고 먼 이야기라 잘 모르겠다고? 만약 네가 조선 시대에 태어났다면 조만간 너의 결혼 이야기가 가족 대화의 중심이 되었을 거야.

조선의 법전인 《경국대전》에는 남자 나이 15세, 여자 나이 14세가 되면 결혼할 수 있다는 조항이 있어. 조선 시대 베스트셀러 소설인 《춘향전》의 두 주인공 이몽룡과 춘향이도 16세였단다.

조선 시대에는 청소년이라는 개념이 없었다고 해. 15세 무렵에 남자는 관례를, 여자는 계례를 치르면 어른 대접을 해 주었어. 대략 이때 결혼도 하고 말야. 그러니까 청소년기가 따로 없이 어린이에서 바로 어른이 되는 거야.

그런데 어째서 현대에는 결혼이 점점 늦어지는 걸까? 또 선진국일수록 결혼 연령이 늦어진다는데 왜 그럴까?

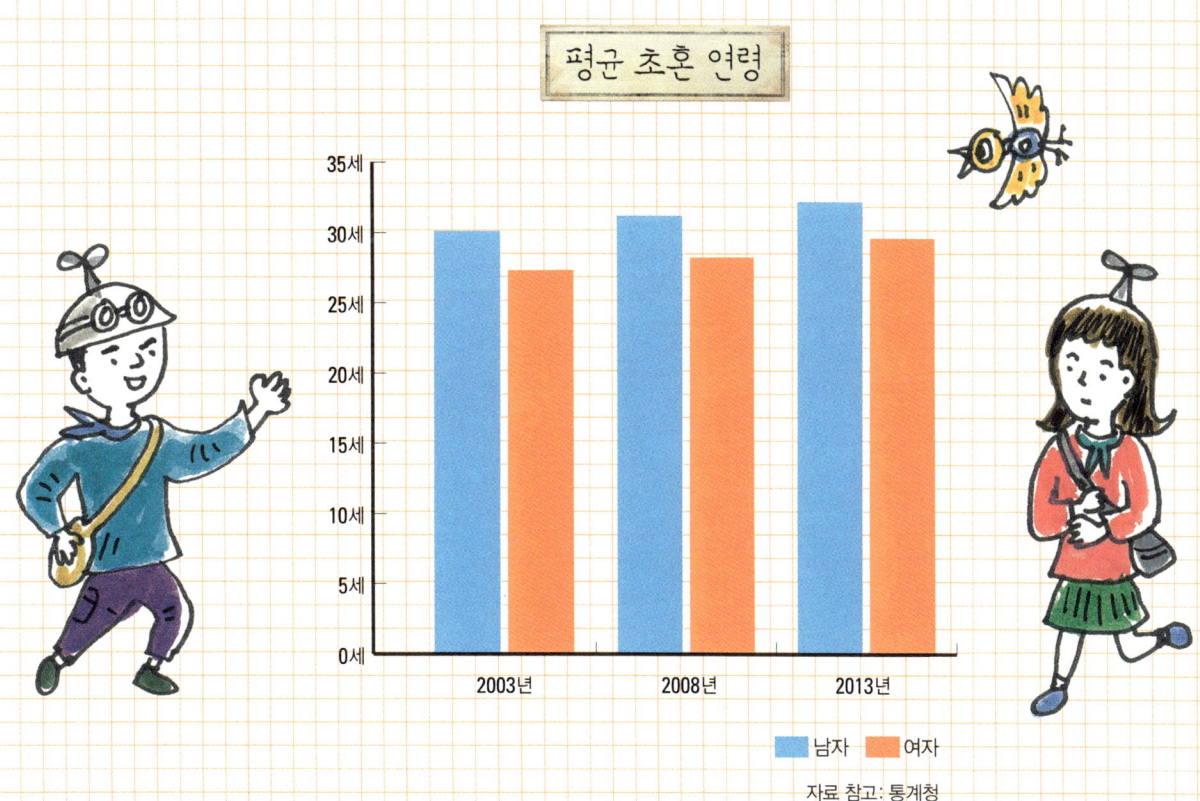

평균 초혼 연령

자료 참고: 통계청

06
김정호와 《대동여지도》

《신증동국여지승람》: 1481년 편찬된 《동국여지승람》을 증보하여 1530년 새로 만듦. 책머리에 전국 지도를 싣고, 각 지역의 자연환경, 풍속, 성곽, 효자, 열녀 이야기 등을 자세히 실었다.

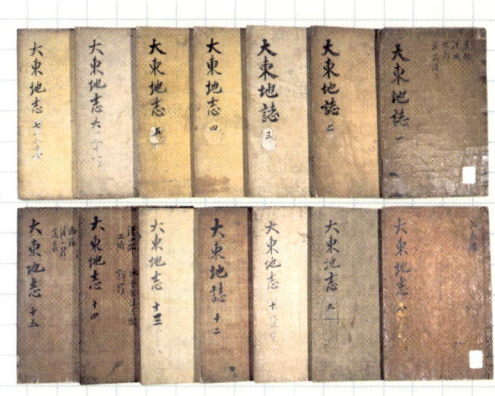
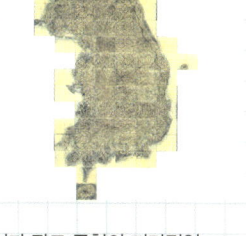

《대동지지》와 《대동여지도》: 김정호가 만든 지리지와 지도. 도성과 팔도 군현의 지리적인 특징, 군사 기지, 국가 시설, 역참, 봉수 등을 자세히 기록하였다.

생각 한 걸음

1 지금으로부터 약 140년 전《대동여지도》를 만든 사람은 누구인가요?

2 한 지역의 지리, 역사, 산업, 교통, 인구 등의 정보를 총 정리해 놓은 책을 무엇이라 하나요?

3 백두산에서 시작하여 지리산에서 끝나는 큰 산줄기를 조선 시대에는 무엇이라고 했나요?

4 1402년, 원나라의 지도를 바탕으로 조선에서 만든 세계 지도의 이름은 무엇인가요?

5 동서와 남북으로 눈금을 표시하여 그린 지도를 무엇이라고 하나요?

6 조선 총독부가 발행한《조선어독본》에 김정호의 이야기가 사실과 다르게 실린 이유는 무엇일까요?

생각 두 걸음

1 다음은 조선 시대 다양한 지도입니다.

❶ 다음 지도 중 현존하는 가장 오래된 지도를 찾아보세요.

❷ 〈혼일강리역대국도지도〉에서 조선, 중국, 일본을 찾아보고, 원래의 크기와 다르게 그려진 이유를 이야기해 보세요.

❸ 〈전라도무장현도〉, 〈울릉도 외도〉, 〈동대문외마장원전도〉에서 지도의 특징을 찾아보세요.

❹ 아래의 지도가 현대의 지도와 다른 점을 이야기해 보세요.

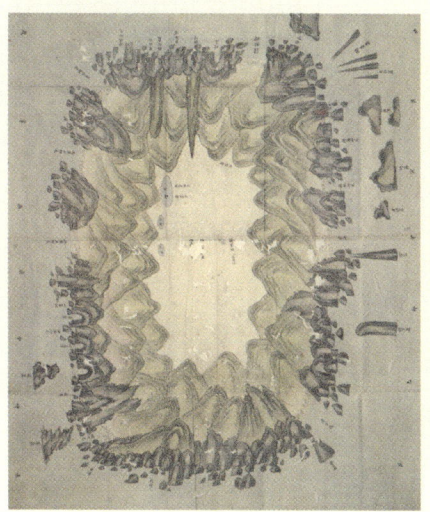

〈울릉도 외도〉(19세기)
울릉도의 바깥쪽을 중심으로 그린 지도

〈전라도무장현도〉(19세기)
선운사가 있는 무장현의 관아 주변을 그린 지도

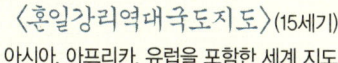

〈혼일강리역대국도지도〉(15세기)
아시아, 아프리카, 유럽을 포함한 세계 지도

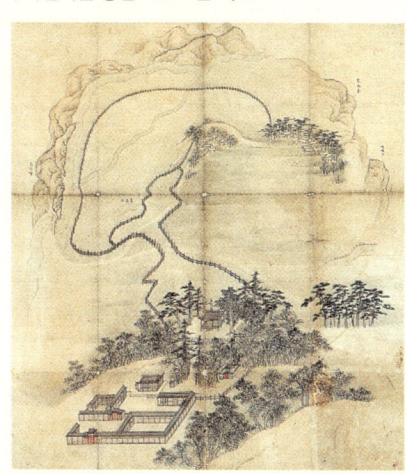

〈동대문외마장원전도〉(19세기)
말을 기르는 '마장'과 마장을 관리하는 마장원을 그린 지도

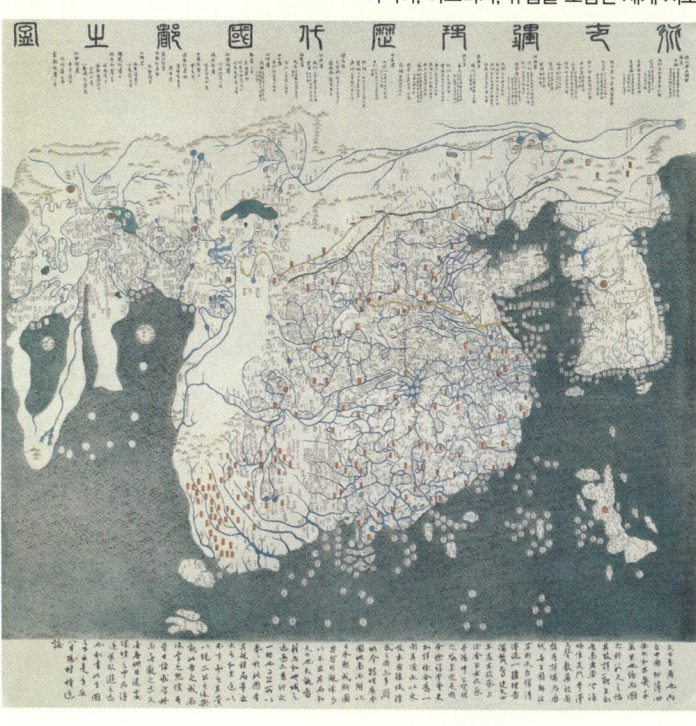

2 다음은 《대동여지도》와 조선 시대 지도입니다.

❶ 빈칸에 알맞은 《대동여지도》의 특징을 쓰세요.
❷ 《대동여지도》의 가장 큰 특징은 무엇이라고 생각하는지 이야기해 보세요.
❸ 《대동여지도》 이전의 지도들과 《대동여지도》를 참고하여 조선 시대 지도가 어떻게 발전했는지 이야기해 보세요.

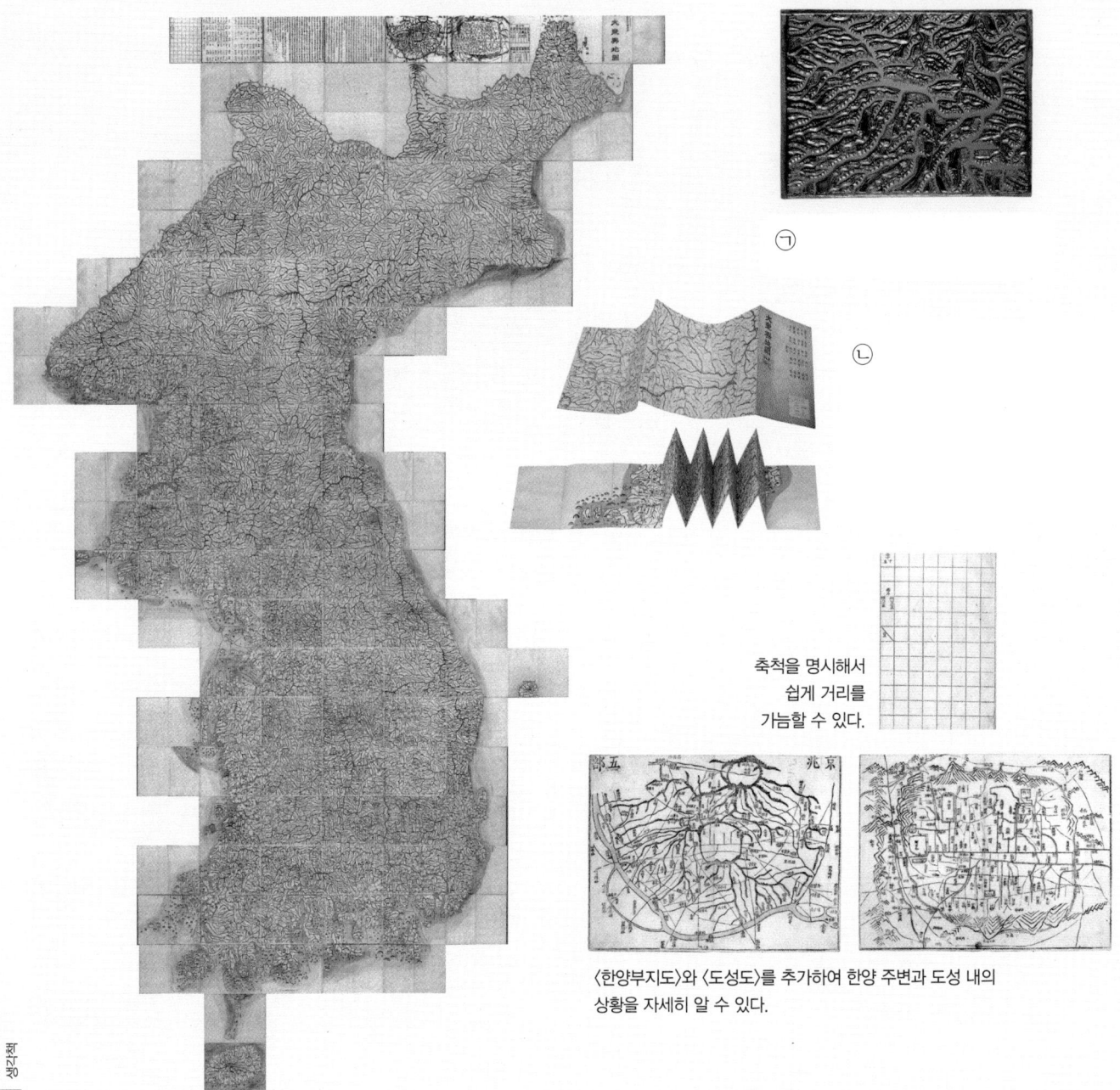

㉠

㉡

축척을 명시해서 쉽게 거리를 가늠할 수 있다.

〈한양부지도〉와 〈도성도〉를 추가하여 한양 주변과 도성 내의 상황을 자세히 알 수 있다.

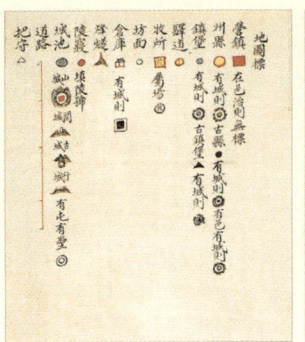

ⓒ

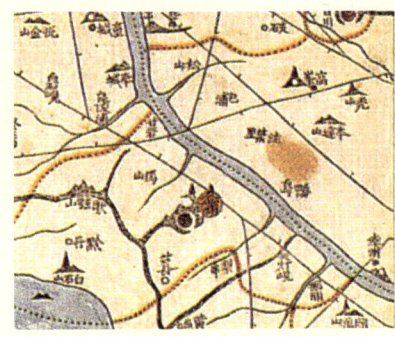

배가 다닐 수 있는 큰 강은 두 줄, 다닐 수 없는 좁은 강은 한 줄로 그렸다.

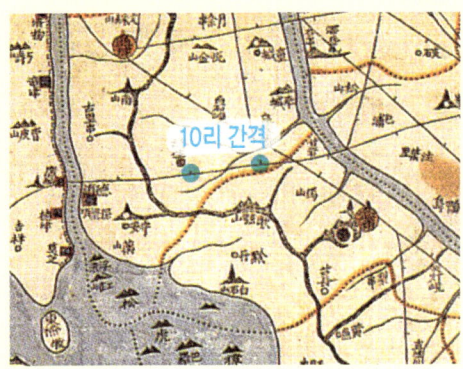

ⓔ

《대동여지도》 이전의 지도들

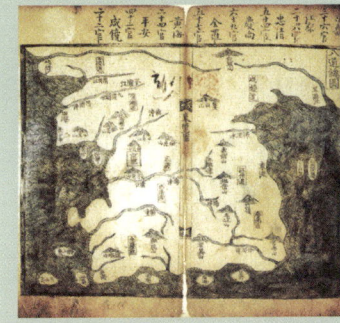

《신증동국여지승람》
중 〈팔도총도〉
(1530년)
국가의 제사와 관련된
곳이 표시되어 있다.

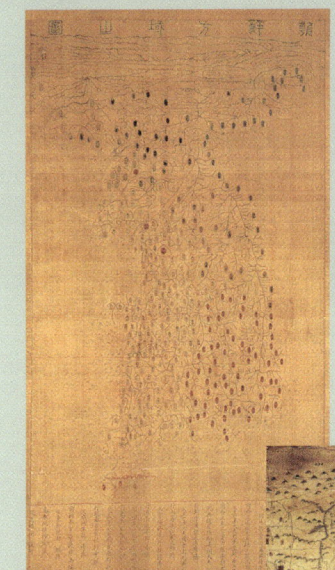

〈조선방역도〉
(1557~1558년)
전국의 특산물 진상을
파악하기 위해 만들었다.

〈동국대지도〉
(18세기 중엽)
축척을 사용하여 지도를
제작했다. 이후 지도
제작은 〈동국대지도〉의
방법을 따랐다.

깊이 생각하기

1 조선 시대에는 지도와 함께 각 지역의 지리, 역사, 사회, 경제, 문화, 군사, 교통, 종교와 민속 등의 다양한 자료를 담은 지리지도 만들었습니다. 이러한 지리지는 왜 필요했을까요?

《세종실록》지리지
지방의 자연, 행정, 경제, 사회, 군사 내용을 정확하게 적었다. 전국 328개 지방 군현에 관한 정보가 모두 담겨 있다.

《동국여지승람》
《세종실록》지리지의 내용을 보완했고 인물, 시, 정자, 학교, 사당, 절 등의 항목이 추가되었다. 인문 지리지라고 할 수 있다.

《택리지》
산이나 강 같은 자연 지리, 역사와 인물, 명승고적이나 뛰어난 문장을 다루었다. 전 국토를 행정 구역으로 나누지 않고 종합적으로 두루 살펴 '지역 생활권'이라는 새로운 개념을 사용했다.

《대동지지》
문화적인 내용은 다루지 않았다. 인물, 성씨, 시문에 관련된 항목은 빼고 전투 등 군사적인 이야기를 강화했다.

2 《대동여지도》는 조선 시대에 만들어진 지도 중 가장 정확하고 훌륭한 지도라고 평가받고 있습니다. 이렇게 훌륭한 지도가 만들어질 수 있었던 이유는 무엇일까요?

3 다음은 현대에 자주 사용하는 지도들입니다. 현대 지도의 장점과 단점을 이야기해 보세요.

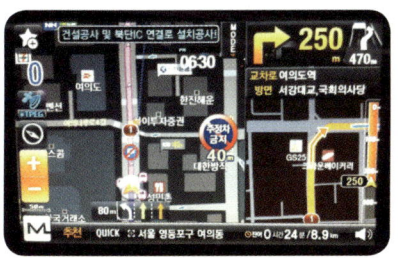
내비게이션

3D 지도

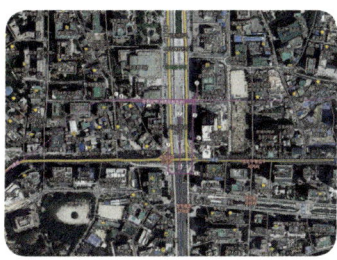
위성 지도

생각 펼치기

✏️ 《대동여지도》 추천서문 쓰기

《대동여지도》의 추천서문을 써 보세요.

> **추천서문**은 책의 앞부분에 들어가는 글로, 지은이가 아닌 다른 사람이 씁니다. 일반적으로 지은이가 쓴 서문의 앞에 위치합니다.

★ 다음은 최한기가 김정호의 《청구도》의 추천서문으로 쓴 〈청구도제〉 중 일부입니다.

김정호의 《청구도》
1834년 김정호가 만든 지도. 현존하는 옛 지도 중에서 가장 크다. 《대동여지도》의 기초가 되었다.

(나의) 벗 김정호는 나이가 어렸을 때부터 지도와 지리지에 깊이 뜻을 두고 오랫동안 자료를 찾아 열람하여, 지도를 만드는 여러 방법의 장점과 단점을 자세히 살폈다. 매번 한가한 때를 만나 수집한 것을 세세하게 살펴 제작 방식을 견주어 보니 곧 눈금선을 그려 넣음에 어쩔 수 없이 물을 자르고 산을 끊었으며, 여러 고을을 흩어 놓아 진실로 표(表)를 보고 경계를 살피기가 어려웠다. (중략) 그 문제점을 개선하기 위해 전도(全幅)를 구역에 따라 나누었는데, 이것은 (중국 하나라의 시조가 된) 우왕이 정전(井田)을 구획한 것을 본받은 것이고, 가장 자리의 선에 글자를 쓴 것은 태평성대를 이룰 수 있게 하는 달력(曆算)의 표시 방법을 모방한 것이다.

⭐ 최한기가 쓴 추천서문을 참고하여 《대동여지도》의 추천서문을 써 보세요.

역사와 뛰놀기

목적지도 만들기

지도가 필요한 사람에게 목적지도를 만들어 선물해 보세요.

준비물: 지도, 색연필, 사인펜 등

방법

1. 주변 사람에게 어떤 지도가 필요한지 생각해 보고, 그 사람을 위해 만들 지도의 주제를 정하세요. (전학 온 친구를 위한 학교 지도, 부모님을 위한 산책 지도 등)
2. 인터넷에서 필요한 지역의 지도를 찾아 인쇄하세요.
3. 인쇄한 지도에 알맞은 장소를 표시하세요. (표시할 장소에 적합한 기호를 직접 만들어 보세요.)
4. 위치를 잘 모르겠다면, 동네를 한 바퀴 돌며 찾아보세요.
5. 완성한 목적지도를 선물하세요.

동생을 위한 친구 집 지도

역사 공감하기

김정호가 《대동여지도》를 완성하기까지 어떤 것이 필요했을까?

- 지도를 새길 목판과 찍어 낼 종이를 살 돈이 필요했을 거야.

- 지도와 관련된 자료를 보려면 어려운 한자도 알아야 했겠지?

- 최한기처럼 자신을 도와주고 대화가 통하는 친구가 있어야 힘들지 않겠지?

- 지도에 대한 열정이 있어야 할 것 같아. 그렇지 않으면 오랜 기간 동안 지도를 만드는 일을 할 수 없었을 거야.

- 지도 만드는 데 열중할 수 있도록 가족들이 많이 이해해 줘야 했을 거야. 나처럼 아빠한테 놀이공원 가자고 계속 조르면 힘들 테니까.

또 무엇이 필요했을까? 얘기해 보자.

07
일어서는 농민들

생각 한 걸음

1. 진주 목사와 경상우병사의 과다한 세금 징수에 반대하며 농민 봉기가 일어난 지역으로, 1862년 농민 봉기의 시작을 알린 곳은 어디인가요?

2. 백성들이 해결하기 어려운 문제가 생겼을 때, 관청의 도움을 받기 위해 올리는 진정서 두 가지는 무엇인가요?

3. 관청에서 일하는 낮은 관리들로, 19세기 농민 봉기 때 원망의 대상이 되었던 관직은 무엇인가요?

4. 농민들의 불만이 많았던 '삼정'을 써 보세요.

5. 지방에서 거둬들인 세금을 배로 실어 한양으로 나르는 일을 무엇이라고 하나요?

6. 진주 농민 봉기가 일어나기 50년 전에 평안도에서 일어난 농민 봉기는 무엇인가요?

생각 두 걸음

1 다음은 조선 시대 지방 관아의 모습입니다.

❶ 관아의 각 건물에서 어떤 일을 했을지 생각해 보고, 알맞은 곳에 스티커를 붙여 보세요.
([활동 자료4] 활용)

❷ 관아에서 객사를 가장 중요한 곳으로 생각한 이유는 무엇일까요?

❸ 수령이 동헌에서 어떤 일을 처리했을지 이야기해 보세요.

❹ 관아에 내아가 함께 있으면 어떤 점이 좋을까요?

❺ 아전들은 농민들에게 원성을 사는 일이 많았습니다. 왜 그랬을까요?

> 조선 시대에는 전국을 8도로 나누어 관찰사를 파견했고, 그 아래 부·목·군·현을 두어 수령이 다스리게 했다. 수령은 조세를 징수하고 농업과 교육을 장려하였으며 재판과 지역 방어를 담당했다. 각 관아의 아전인 이·호·예·병·형·공의 6방은 수령의 지시를 받아 실무를 담당했다. 수령은 임기가 있었지만, 아전은 그 지역 출신으로 정해진 임기가 없었다.

객사
관아에서 가장 중요한 건물. 임금을 상징하는 전패를 모셔 놓음. 중앙에서 내려오는 관리나 손님들의 숙소로 사용됨.

동헌
객사 다음으로 중요한 건물. 수령이 업무를 보던 곳.

내아
수령과 가족들이 생활하던 곳.

질청
이방을 비롯한 아전들이 모여 업무를 처리하던 곳.

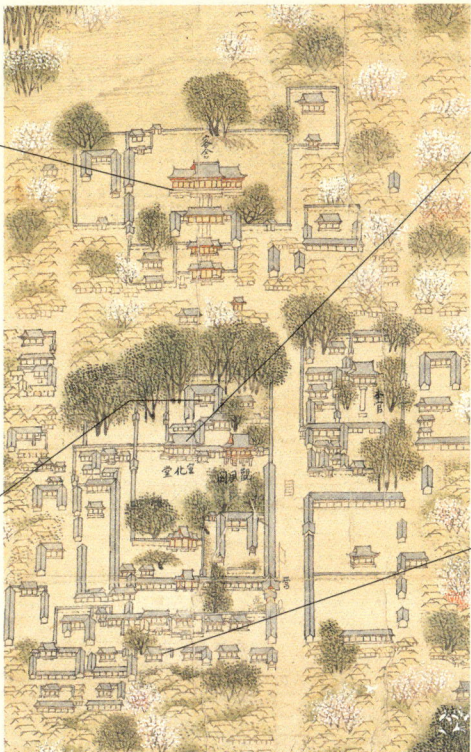
〈전주부지도〉

2 다음은 조선 후기 농민들이 냈던 세금인 삼정에 관한 내용입니다.

❶ 토지세(전정), 군포(군정), 환곡(환정)에 해당되는 내용에 각각 '토', '군', '환'이라고 써 보세요.

❷ 조선 시대 세금과 현대의 세금은 무엇이 다를까요?

㉠ 농사짓는 땅에 대한 세금이다.

㉡ 군적

㉢ 이미 죽은 사람을 살아 있다고 하거나 아직 16세가 안된 어린아이를 군적에 올려 세금을 걷었다.

㉣ 1결 당 약 22말이 정해진 세금이지만 각종 잡세가 추가되어 실제로는 100말이 넘게 내야 했다.

㉤ 되
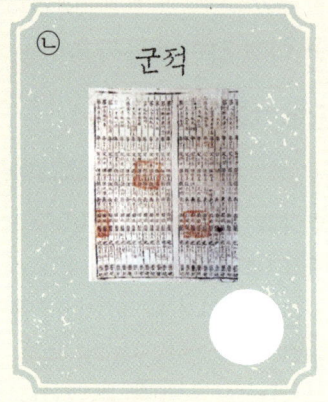

㉥ 16세에서 60세의 양인 남자들이 군대에 가는 대신 포나 쌀을 세금으로 내는 것이다.

㉦ 봄에 대여섯 말을 한 섬으로 쳐서 빌려주고, 가을에 한 섬에 이자까지 붙여 받아 냈다.

㉧ 양안 (토지 대장)

㉨ 봄에 식량이 떨어졌을 때 빌린 쌀을 가을에 추수한 다음 이자를 붙여 갚는 것이다.

3 다음은 19세기에 일어난 농민 봉기 지도입니다.

❶ 19세기 대표적인 농민 봉기인 '홍경래의 봉기'와 '진주 농민 봉기'가 일어난 곳에 각각 동그라미 해 보세요.

❷ 19세기 말 농민 봉기가 많이 일어난 곳은 삼남지방입니다. 삼남지방인 충청도, 전라도, 경상도를 색칠해 보세요.

❸ 삼남지방에서 농민 봉기가 많이 일어난 이유는 무엇일까요?

깊이 생각하기

1 19세기는 세도 정치 시기였습니다. 세도 정치는 조선 사회에 어떤 영향을 미쳤을까요?

세도 정치 시기
안동 김씨, 풍양 조씨 등 세도 가문들은 자신들을 따르는 무리들을 뽑아 중요한 관직을 주고, 반대하는 무리들은 제거했다. 세도 정치 기간 동안에는 왕은 세도가들에 의해 조종되는 꼭두각시와 다름없었다.

2 다음을 참고하여 19세기에 세금이 백성의 생활을 어렵게 한 이유를 생각해 보세요.

마을 단위 총액제
각 마을 단위로 내야 할 세금의 총액수가 정해져 있었다.

화폐(상평통보)로 내는 세금
쌀이나 포로 내던 세금을 상평통보로 받았다.

세금 부과 기준이 모호
가뭄이나 홍수가 나도 내야할 세금의 액수가 같고, 세금을 면제해 주던 개간지에 대해서도 세금을 부과하는 등 수령에 따라 마을대로 세금을 거뒀다. 또 지주가 토지세를 내지 않고 땅을 빌려 농사짓는 농민들이 냈으며, 양반들은 세금을 내지 않았다.

조선 시대 인구 구성의 변화

	양반	평민	천민
숙종	9.20%	53.70%	37.10%
정조	37.50%	57.50%	5.00%
철종	70.30%	28.20%	1.50%

3 농민 봉기가 일어난 원인과 과정을 생각해 보면서, 1862년에 일어난 농민 봉기를 정의해 보세요.

1862년 일어난 농민 봉기는 _____ 이다.
왜냐하면

생각 펼치기

✏️ **진주 농민이 되어 소지 써 보기**

진주 농민이 되어 삼정의 문제점을 바로잡을 것을 요구하는 소지를 써 보세요.

소지: 백성들이 해결하기 어려운 문제가 생겼을 때, 관청의 도움을 받기 위해 개인이 관청에 올리는 문서를 말한다. 소지를 올리면 관청에서는 적절한 답변을 해 준다.

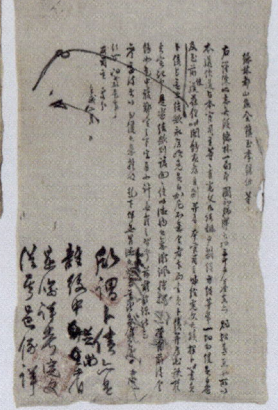
충청도 임천 덕림의 산지기들이 지방관에 올린 문서

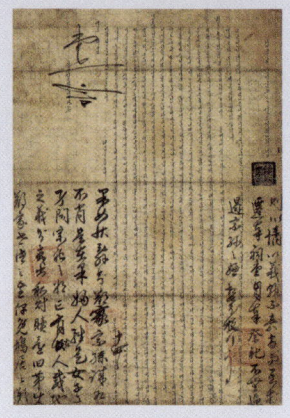
문숙공의 증손녀가 올린 한글 문서

논과 밭의 주인은 양반인데, 내가 토지세를 냈어. 아직 다섯 살밖에 안 된 내 아들도 군포를 내라고 하더군. 곡식을 빌릴 필요도 없는데, 강제로 곡식을 빌려준 다음 비싼 이자를 받아 가네.

또 관리들은 자신이 빼돌린 세금을 백성들에게서 빼앗아 가고 있어. 말도 안 되는 이 세금을 다 내고 나면 우리 식구는 대체 무얼 먹고 살아가야 할까?

역사와 뛰놀기

깃발 놀이를 통해 세금 알아보기

깃발 놀이를 하면서 과거와 현재의 세금에 대해 알아보세요.

준비물
나무젓가락, 색종이(파랑, 빨강), 풀, 가위, 세금 OX 퀴즈 카드 ([활동 자료13] 활용)

부가가치세는 국가에 내는 세금의 종류 중 하나로, 서비스를 이용하거나 물건을 살 때 가격에 포함된 세금을 말합니다.

게임 방법
1. 색종이와 나무젓가락으로 깃발을 만드세요.
2. [활동 자료13] 카드를 잘라 둘로 나누고, 한 사람이 문제를 내고 다른 한 사람은 문제를 맞혀 보세요. (사람이 많을 경우 팀을 나눠서 놀이해 보세요.)
3. 문제를 맞히는 사람은 카드의 내용이 맞으면 파란색 깃발을 들고, 카드의 내용이 틀리면 빨간색 깃발을 드세요.
4. 퀴즈를 많이 맞히는 쪽이 이깁니다.

깃발 만드는 방법

① 나무젓가락을 둘로 나누어요.

② 파란색 색종이와 빨간색 색종이를 대각선으로 마주 보게 접었다 펴세요.

③ 펼친 색종이 전체에 풀을 칠하고 색종이 끝에서 0.5cm 들어간 위치에 나무젓가락을 놓으세요.

④ 색종이를 대각선으로 접어 깃발을 완성하세요.

역사 공감하기

조선 시대, 각 지방에서 세금으로 거둔 곡식과 특산물은 강변이나 해안에 창고를 만들어 모아 두었다가 배에 실어서 서울로 운반했어. 이렇게 세금을 운반하는 배를 조운선이라고 해.

그런데 조운선이 사고로 침몰하는 일이 종종 일어났어. 나라에서는 조운선이 침몰하면 사고 원인을 철저히 조사하고 책임자들을 엄벌에 처했어.

정조 15년, 조운선 네 척이 태안반도의 안흥진 앞바다에서 침몰하는 사고가 발생하자, 비변사는 사고 원인을 조사하여 왕에게 보고했어.

"배 한 척에 싣는 1천 석의 정량 이외에 더 많은 양을 실었으니 이는 초과 선적한 것이며, 바다 가운데서 침몰하였는데도 사공은 한 사람도 익사한 사람이 없으니 이는 의심스러운 일이며, 바람이 잦아들기를 기다리지 않고 서둘러 배를 출발시켰으니 이것은 일을 소홀히 한 것입니다. 이 중에 한 가지만 있더라도 법에서는 실로 용서하기 어렵습니다. 난파한 여러 배의 관리와 사공을 엄한 형벌로 문초하여 사실을 알아내야 합니다. 배 안의 여러 가지 일은 모두 도사공이 하는 것이니, 그 사실을 알아낸 뒤에 효수의 벌을 시행하고, 법성 첨사 신섬은 파직하여 내쫓고 조운을 끝마친 뒤에 금부로 잡아다가 서둘러 도배(徒配)의 법을 시행할 것이며, 선적을 늦춘 책임도 자연 돌아갈 곳이 있으니 해당 도신(道臣) 정민시는 무겁게 죄를 묻고, 호송 장교와 감색 등은 엄한 형벌로 징계해야겠습니다. 배가 도내에서 침몰되었으니 단속하지 못한 잘못을 경고하지 않을 수 없으니 충청 감사 박종악도 죄를 물어야겠습니다. 곡물에 대해서는 건져 낸 아문에서 그 상태를 구분하여 격식을 갖추어 계문한 뒤에 다시 아뢰어 처리하겠습니다."

날씨가 나빴는데도 배를 출발시켰고 초과 선적에다가 배는 침몰했는데 사공은 모두 빠져나왔으니 의심스럽다면서, 운송 책임자뿐만 아니라 침몰 장소가 속한 충청도의 최고위 관리까지 처벌해야 한다고 보고하고 있네.

조운선의 침몰은 국가적인 중대사였어. 조운선이 침몰하면 사람 목숨을 잃는 것은 물론이고, 국가 재정에 막대한 피해를 입혔기 때문이야. 침몰로 젖은 곡식은 해당 지역 관리가 책임지고 말려야 했어. 또, 침몰 소식을 듣고도 직접 현장에 나가지 않고 부하 직원을 대신 보내는 관리는 엄벌에 처했단다.

08 서학과 동학

개혁을 반대하는
흥선 대원군

서학을 믿는 아들은 아비도 없고 임금도 없어 인륜을 저버리고 가르침을 어겨 스스로 오랑캐나 짐승의 자리에 빠지는 것이므로 믿는 자는 용서치 않으리.

천주교
김대건 신부

하느님 아래 모든 인간은 평등해. 그리고 하느님 이외의 신을 섬기는 것은 죄악이야. 그러니까 제사를 지버면 안 되겠지?

동학의
최제우 교주

우린 사람이 곧 하늘이고 조상을 섬기는 것도 당연하다고 생각해. 우린 서학에 반대해서 생겨난 종교인데 왜 우리를 탄압할까?

생각 한 걸음

1 이탈리아 신부 마테오리치가 명나라에 천주교를 알리기 위해 쓴 책의 이름은 무엇인가요?

2 우리나라 최초로 세례를 받은 사람은 누구인가요?

3 천주교 최초의 순교자인 김범우가 살던 집터에 세워진 교회는 무엇인가요?

4 최제우가 지은 동학의 경전 두 가지는 무엇인가요?

5 동학에서 가장 중요한 두 가지 사상은 무엇인가요?

6 동학은 1905년에 어떤 이름으로 바뀌었나요?

생각 두걸음

1 우리 역사 속에 등장한 대표적인 종교와 사상에 대해 마인드맵을 만들어 보세요. ([활동 자료5] 스티커 활용)

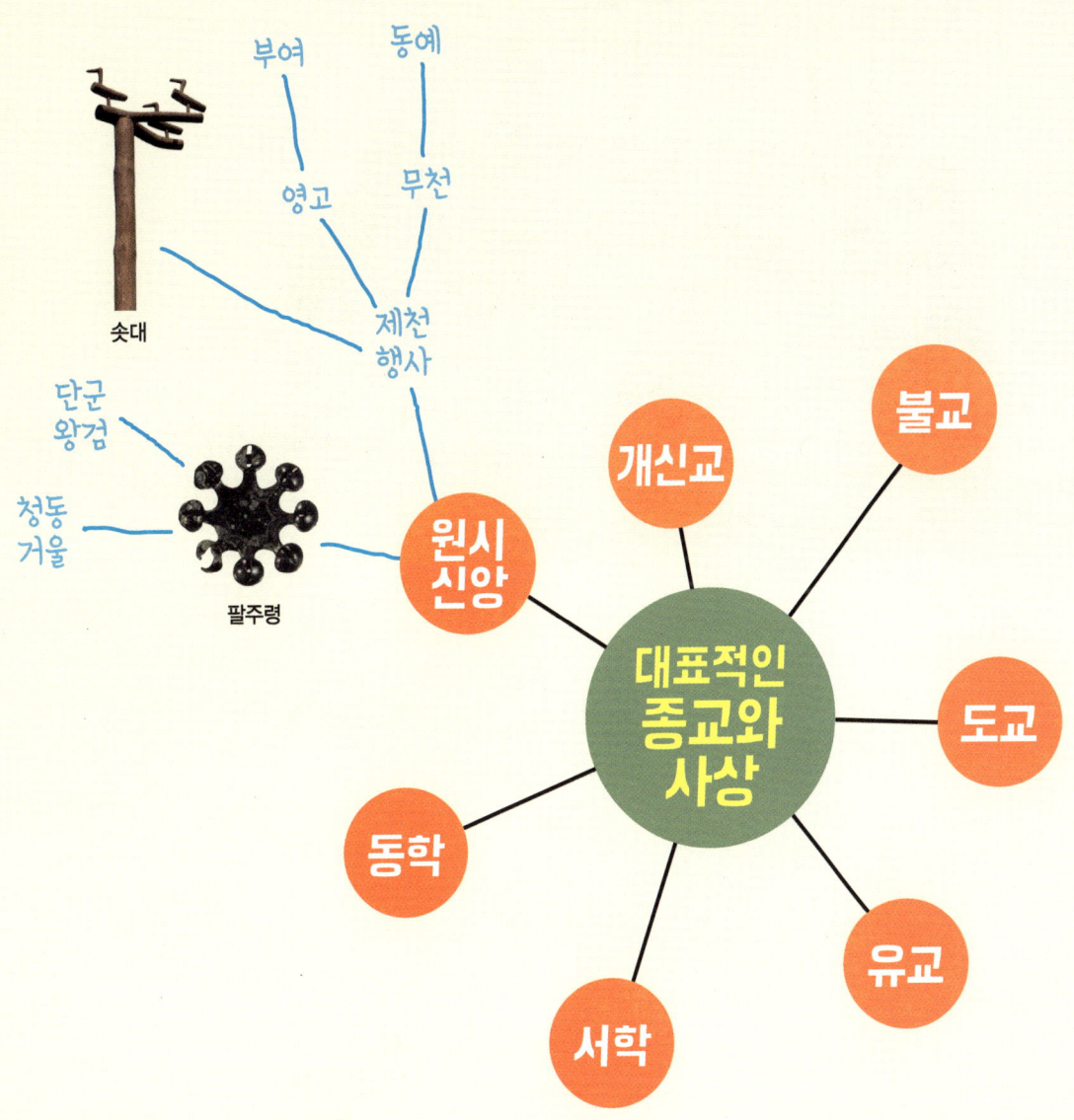

2 다음 그림의 사람들이 나누는 대화를 상상하여 말풍선에 써 보세요.

오늘 예배는 북경에서 세례를 받고 온 베드로 이승훈이 함께 하겠습니다.

이승훈, 이벽, 정약용 형제, 권철신 등이 김범우의 집에서 집회를 갖고 있는 모습

나 같은 사람도 양반과 함께 앉아 이야기를 들을 수 있다니.

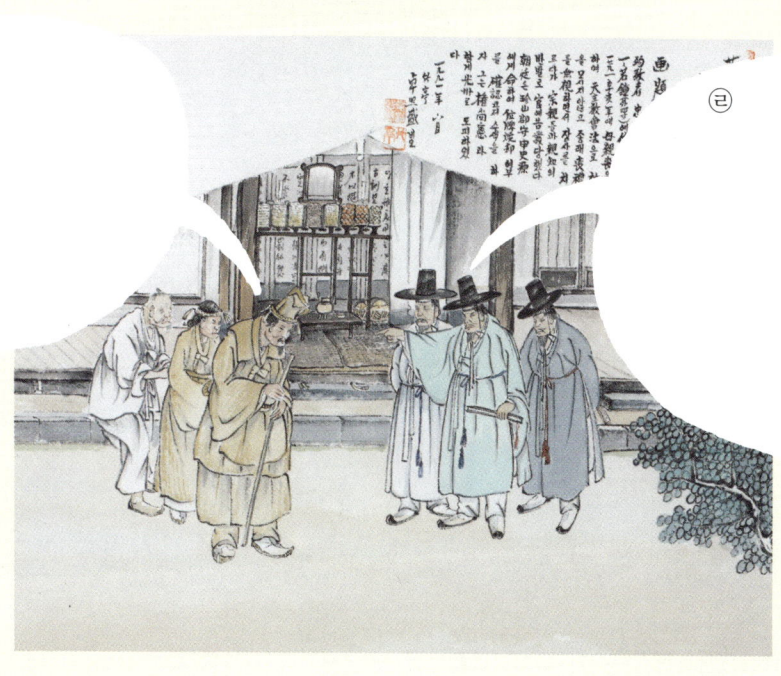

윤지충의 어머니가 세상을 떠났을 때 제사를 지내지 않고, 천주교식으로 장례를 치른 것을 알고 종친들이 화를 내고 있는 모습

3 다음은 동학이 만들어지고 발달한 과정과 관련된 내용입니다.

❶ 스티커를 붙이고, 빈칸에 알맞은 말을 써 보세요. ([활동 자료6] 활용)

❷ 동학의 핵심 사상 중 인내천을 한자로 따라 쓰고, 그 뜻을 생각해 보세요.

깊이 생각하기

1 동학과 서학의 공통점과 차이점을 생각해서 써 보세요.

2 조선의 지배층이 새로운 종교를 탄압한 이유는 무엇일까요?

> 전라도 진산군에 살던 천비 윤지충은 어머니가 돌아가시자 위패를 불태우고, 천주교 의식에 따라 상을 치렀다. 그것이 알려져 전주 풍남문 밖에서 처형당했다.

> 정조가 죽고 순조가 어린 나이로 왕위에 오르자, 영조의 계비인 정순 왕후가 수렴청정을 하게 되었다. 정순 왕후는 서학을 금지하라는 명을 내렸고, 천주교도 100여 명이 처형당하고 400여 명이 유배되었다.

> 흥선 대원군은 1866년부터 6년에 걸쳐 천주교도를 억압했고, 양화진 나루터의 잠두봉에서 8000여 명을 처형했다.

> 1864년 3월 동학의 1대 교주 최제우는 체포되어, 대구 장대에서 처형당했다.
> 1898년 3월 동학의 2대 교주 최시형은 원주에서 체포되어, 서울에서 처형당했다.

3 종교는 사람들의 생활에 어떤 영향을 미칠까요?

생각 펼치기

 종교 설명하는 글쓰기

세계의 다양한 종교를 설명하는 글을 써 보세요. ([활동 자료14] 활용)

⭐ 다음 종교 중 6개를 선택하세요.

> 개신교   대종교   불교   시크교   원불교
> 유교   유대교   이슬람교   자이나교   천도교
> 조로아스터교   천주교   힌두교

⭐ 선택한 종교에 대해 다음 사항을 참고하여 조사해 보세요.

- 종교의 창시자 및 종교에서 믿는 신
- 해당 종교를 주로 믿는 지역
- 해당 종교의 큰 행사나 축제
- 특정 종교에서 금지하는 행동이나 음식
- 해당 종교를 믿는 사람을 만났을 때 지켜야 할 예절

⭐ 조사한 내용을 중심으로 각각의 종교를 설명하는 글을 [활동 자료14]에 써 보세요.

역사와 뛰놀기

세계 종교 책 만들기

생각 펼치기 에서 쓴 글로 세계의 여러 종교를 설명하는 책을 만들어 보세요.

준비물
[활동 자료14] 활용, A4 색지 1장, 가위, 풀, 사인펜, 색연필

책 만드는 방법

① A4 색지 1장을 가로로 길게 반으로 자른 후, 병풍 접기로 접으세요.

② 접은 색지의 4번 앞쪽에 풀칠하여 5번 뒤쪽과 붙이세요.

③ **생각 펼치기** 에서 [활동 자료14]에 쓴 표지와 글을 오려서 책을 꾸며 주세요.

역사 공감하기

황해도에 김창암이라는 소년이 살고 있었어. 그의 아버지는 겨우 자기 이름 정도밖에 쓸 줄 몰랐지만, 어려운 살림살이에도 창암에게 글공부를 가르쳤지. 창암은 하얀 종이가 까맣게 될 때까지 쓰고 또 쓰면서 공부를 하여 드디어 과거 시험을 보게 되었어. 그런데 막상 시험장에 가 보니, 실력으로 관리를 뽑는 것이 아니라 뇌물을 받고 뽑는 거야. 창암은 공부를 그만둬 버렸어. 어느 날, 창암은 이웃 마을 사는 오응선을 따라갔다가 동학을 알게 되었어. '후천개벽', '인내천', '사람은 모두 평등하다'의 사상에 감동한 그는 동학에 입도하고 이름을 '창수'로 바꾸었어. 그리고 《동경대전》을 열심히 읽고 다른 사람에게도 그 뜻을 알렸지. 사람들은 그에게 와서 동학에 대해 물었으며, 그는 친절하게 가르쳐 주었어. 17살의 창수를 사람들은 '아기 접주'라고 불렀어. 아직 어린 나이였지만 그를 따르는 사람은 수천에 이르렀단다. '아기 접주' 창수는 최시형을 만나고 싶었어. 1893년 가을, 최시형이 충청도 보은에 있다는 소식을 듣고 그곳으로 찾아갔지. 그때 손병희도 만났단다. 황해도의 '아기 접주' 김창수. 그가 바로 훗날 일본에 빼앗긴 나라를 되찾으려 항일 운동에 몸 바친 백범 김구란다.

09 쇄국과 개화의 갈림길

생각 한 걸음

1 강한 군사력과 경제력으로 다른 나라를 식민지로 만드는 행위를 무엇이라고 하나요?

2 조선의 바닷가에 자주 나타났던 서양 배들을 조선 사람들은 무엇이라고 불렀나요?

3 1866년 미국 상선이 조선에 통상을 요구하다가 대동강에서 불에 타 침몰한 사건은 무엇인가요?

4 흥선 대원군이 천주교도들을 처형한 것에 대해 책임질 것을 요구하며 프랑스 함대가 강화도에 침입한 사건은 무엇인가요?

5 미국이 제너럴 셔먼호 사건을 빌미로 조선을 침입한 사건을 신미양요라고 합니다. 이때 미군과 조선군이 최후의 결전을 벌였던 곳은 어디인가요?

6 흥선 대원군이 세운 척화비에는 어떤 내용이 쓰여 있었나요?

2 다음은 병인양요에 관련된 자료입니다.

❶ 프랑스가 조선을 공격한 이유는 무엇인가요?
❷ 병인양요 때 강화도를 침입한 프랑스 군인들이 의궤를 약탈해 간 건물은 무엇인가요?
❸ 조선의 군대는 정족 산성과 문수 산성에서 프랑스군을 무찔렀습니다. 정족 산성과 문수 산성에 동그라미 해 보세요.

리델 주교
병인박해 때
조선에서 탈출

강화도

외규장각(복원)

경고비

병인박해
(1866.1)

병인양요
(1866.9)

경고비
(1867)

3 다음은 신미양요에 관련된 자료입니다.

❶ 제너럴 셔먼호 사건을 간단하게 설명해 보세요.

❷ 미국이 오페르트를 시켜 남연군 묘를 도굴하려 했던 이유는 무엇인가요?

❸ 광성보에서 미군과 조선군이 결전을 벌였습니다. 광성보에 동그라미 해 보세요.

❹ 미국은 광성보 전투 때 조선의 수(帥)자기를 가져갔습니다. 수(帥)자기에 동그라미 해 보세요.

❺ 흥선 대원군이 경고비와 척화비를 세운 이유는 무엇인가요?

4 프랑스와 미국이 조선에 침입하는 길목으로 강화도를 선택한 이유는 무엇일까요?

깊이 생각하기

1 병인양요와 신미양요에서 조선과 서양은 서로 전쟁에서 승리했다고 주장했습니다. 조선과 서양 중 어느 쪽이 이겼다고 생각하는지 이야기해 보세요.

2 흥선 대원군은 역사적으로 긍정적인 평가와 부정적인 평가를 함께 받는 인물입니다. 흥선 대원군이 펼친 정책을 보고 자유롭게 평가해 보세요.

> **호포제 시행** 모든 가구마다 호포를 동등하게 부과하여 세금을 면제받았던 양반도 세금을 내게 했다.
> **서원 철폐** 전국 650개 서원 중 47개의 서원만 남기고 나머지는 모두 철폐했다.
> **인재 등용** 세도 정치를 끝내고 인재를 골고루 등용했다.
> **경복궁 재건** 임진왜란 때 불탄 경복궁을 다시 세웠다. 이때 부족한 돈은 당백전을 발행하여 썼는데, 당백전이 유통되면서 물가가 많이 올랐다.
> **정치 기구 재정비** 비변사를 축소하고 의정부의 기능을 되살려 권력이 한곳으로 몰리는 것을 막았다.
> **사창제 시행** 백성들에게 싼 이자로 곡식을 빌려주었다.
> **척화비 건립** 서양 오랑캐와 화해하지 말라고 경고하는 내용의 척화비를 각지에 세웠다.

3 제국주의가 널리 퍼졌던 이 시기에 여러 나라는 어떤 변화를 겪게 되었을지 생각해서 써 보세요.

> 19세기 후반에 과학 기술이 발달하고 전기, 통신 등의 산업이 더욱 발전하였다. 서양 강대국들은 경제적인 성장을 하게 되면서 노동력과 원료, 물건의 판매처가 필요해졌다. 이에 서양 강대국들은 필요한 것을 얻기 위해 식민지 개척에 앞장서게 된다. 이들의 침략으로 아시아, 아프리카, 아메리카의 약소국들은 대부분 식민지로 전락하여 제국주의의 지배를 받게 되었다.

서양 강대국	약소국

생각 펼치기

 외규장각 의궤에 관한 기사문 쓰기

외규장각 의궤를 주제로 다양한 기사를 써 보세요.

⭐ 쓰고 싶은 기사를 세 개 이상 고르고 색칠해 보세요.

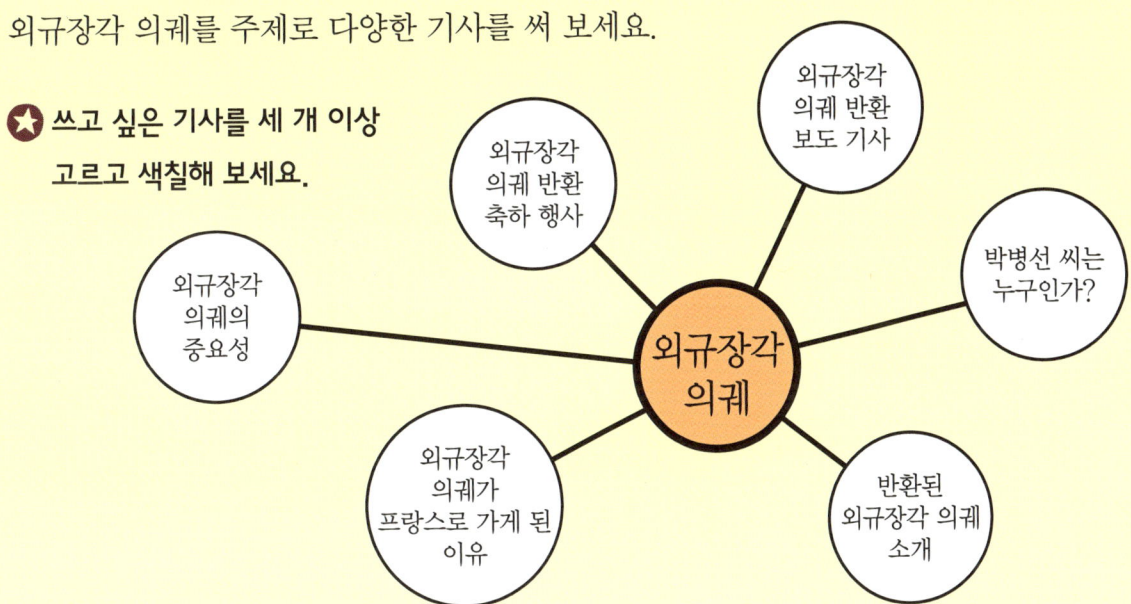

⭐ 선택한 기사를 쓰기 전 간단히 정리해 보세요. 기사를 쓰기 위한 각종 자료는 책, 신문, 잡지, 인터넷 등을 참고하세요.

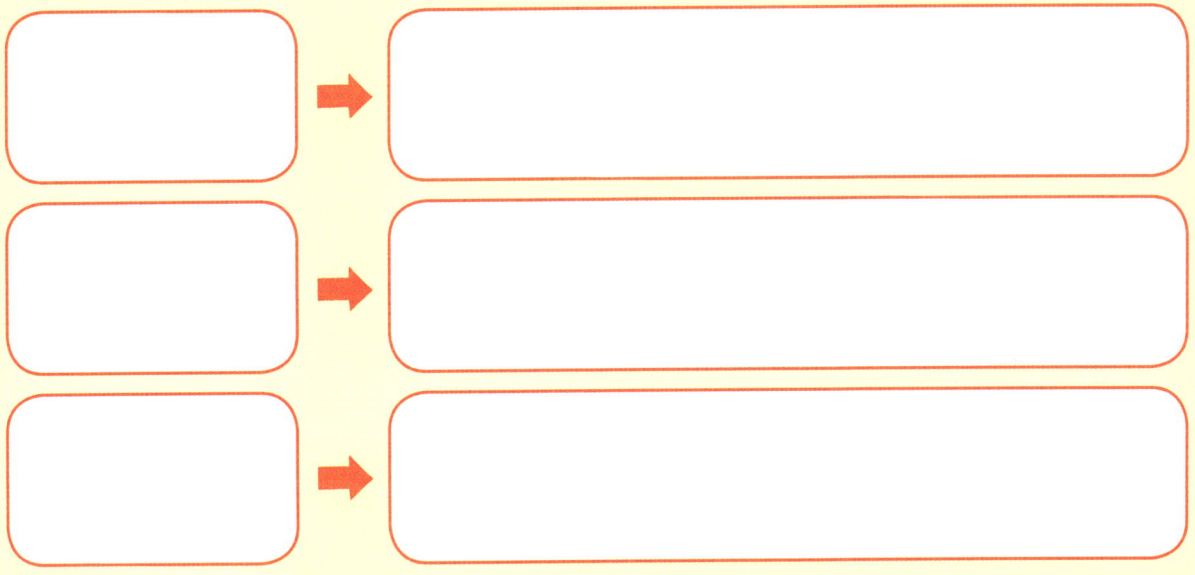

⭐ 위에서 정리한 내용을 바탕으로 [활동 자료16]에 기사문을 쓰고, [활동 자료7]에서 관련 스티커를 골라 붙여 보세요.

역사와 뛰놀기

외규장각 의궤 신문 만들기

생각 펼치기 에서 쓴 기사문으로 신문을 만들어 보세요.

준비물
흰색 8절 도화지, 가위, 풀, 색연필, 사인펜, 자

방법
1. 흰색 8절 도화지에 아래 '신문 1면의 지면 구성'을 참고해서 신문의 이름, 발행일 등을 써 보세요.
2. [활동 자료16]에 쓴 기사를 붙이세요.
3. 남는 자리에는 광고, 만화를 그려 보세요.

신문 1면의 지면 구성

출처: 한국신문협회

역사 공감하기

서양 강대국들이 이양선을 앞세우고 아시아에 나타났을 때, 뱃머리에서 길 안내를 한 것은 선교사들이었어. 다음 글은 조선에 와서 활동하던 프랑스 선교사가 자기 나라에 보낸 편지의 한 대목이야.

> 물리적인 힘이 유일한 법률이고 범죄를 부끄러워하지 않고
> 이해관계에 따라서만 행동하며 조국에 대한 사랑조차 알지 못하는
> 이 야만적인 나라에서 무슨 일이 일어나고 있는지를 가지고 판단하라. (중략)
> 조선인들은 반 야만 상태에 있기 때문에 성격이 매우 까다롭다.
> 이 나라에는 교육이란 것이 전혀 없다.

파란 눈의 선교사에게는 조선 사람들 모두가 개화시켜야 할 야만인으로 보인 것 같아. 그는 문명인이라는 자부심을 갖고 신의 사랑을 전파하기 위해 기꺼이 먼 나라에까지 왔을 거야. 그런데 약한 나라를 차지하려는 강대국의 안내자 노릇을 자처했으니, 어떻게 이해해야 할까? 그들에게 문명은 무엇이고 신의 사랑은 무엇이었을까?

10 나라의 문을 열다

서양의 강대국들에 의해 강제로 문을 연 중국, 일본, 베트남.
그런데 일본은 입장이 바뀌었네.
일본은 왜 그렇게 조선을 개항시키기 위해 애쓴 걸까?

생각 한 걸음

1 조선이 외국과 맺은 최초의 조약인 강화도 조약의 정식 이름은 무엇인가요?

2 1875년 강화도의 초지진 앞바다에 나타나 조선을 공격한 일본 군함의 이름은 무엇인가요?

3 항구를 개방하여 외국인의 자유로운 통상을 허락하는 것을 무엇이라고 하나요?

4 관세를 설명해 보세요.

5 강화도 조약 후, 일본의 실정을 시찰하기 위해 조선이 파견한 사절단을 무엇이라고 불렀나요?

6 '조·미 수호 통상 조약'에서 조선이 다른 나라에 허용하는 특권들을 자동으로 미국이 갖는 것을 무엇이라고 하나요?

생각 두 걸음

1 다음은 강화도 조약이 맺어진 과정입니다.

❶ 각 사건과 관련된 곳에 스티커를 붙여 보세요. ([활동 자료8] 활용)

❷ 사건이 진행된 순서에 따라 번호를 써 보세요.

1876년 2월 강화도 연무당에서 강화도 조약이 체결되었다.

1875년 강화도 초지진 앞바다에 운요호가 나타나자, 조선군은 대포를 쏘아 방어했고 운요호는 대포를 쏘며 사라졌다.

일본의 협박에 의해 구로다 기요타카와 신헌은 세 차례에 걸쳐 회담을 진행했다.

일본은 조선의 부당한 공격으로 일본인이 위험하다며 부산으로 군함 세 척을 보냈다.

2 다음은 조선이 해외 열강과 맺은 조약과 관련된 지도입니다.

❶ 조선이 외국과 맺은 최초의 조약에 동그라미 하세요.

❷ 조선과 조약을 맺은 나라의 이름을 빈 곳에 써 보세요.

❸ 조선은 서양 강대국과 왜 이렇게 많은 조약을 맺었을까요?

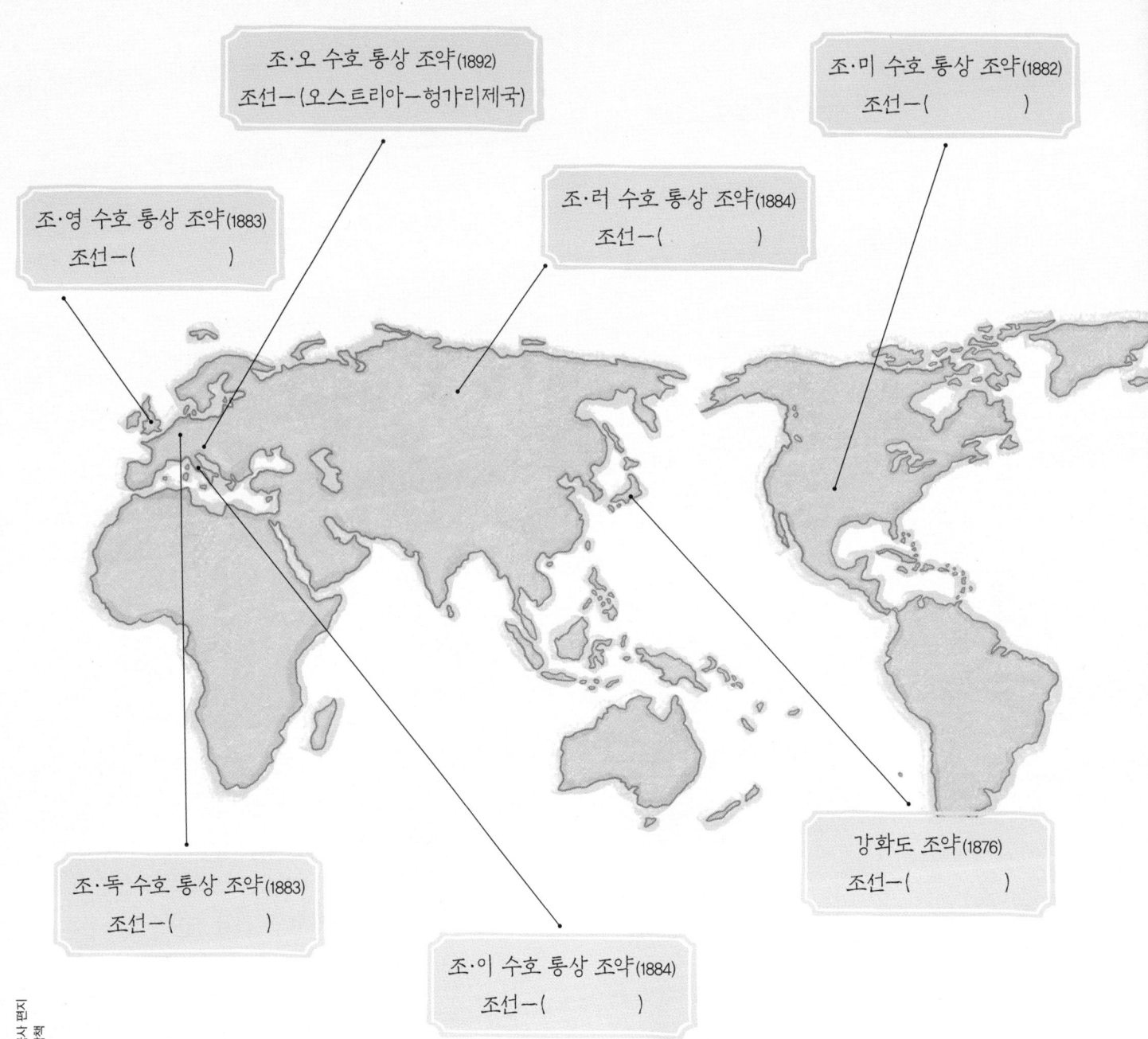

조·오 수호 통상 조약(1892)
조선-(오스트리아-헝가리제국)

조·미 수호 통상 조약(1882)
조선-(   )

조·영 수호 통상 조약(1883)
조선-(   )

조·러 수호 통상 조약(1884)
조선-(   )

조·독 수호 통상 조약(1883)
조선-(   )

조·이 수호 통상 조약(1884)
조선-(   )

강화도 조약(1876)
조선-(   )

3 다음은 19세기, 외국에 다녀온 사람들과 그들이 기록한 책입니다.

❶ **말풍선 스티커를 알맞은 인물에 붙여 보세요.** ([활동 자료9] 활용)

❷ **인물과 관련된 책을 선으로 연결해 보세요.**

❸ **유길준, 김기수, 김득련은 왜 이러한 책을 썼을까요?**

유길준

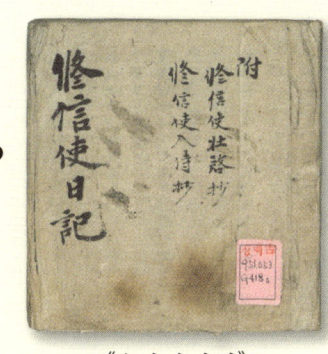
《수신사일기》

김기수

《환구일록》

역관 김득련

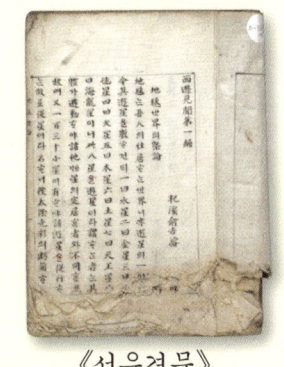
《서유견문》

깊이 생각하기

1 흥선 대원군이 '쇄국'을 주장한 이유와, 고종과 왕비 민씨가 '개화'를 택한 이유를 생각해서 각각 써 보세요.

흥선 대원군이 쇄국을 주장한 이유

고종과 왕비 민씨가 개화를 택한 이유

२ 조선은 여러 나라와 조약을 맺었습니다. 통상 조약의 내용 중 불평등한 조항이 많은 이유는 무엇일까요?

조·미 수호 통상 조약
최혜국 대우 규정이 포함되어 있다. 치외 법권을 인정한다.

조·영 수호 통상 조약
영국인 대표는 조선을 자유롭게 여행할 수 있다. 영국 군함은 조선 국내 어디서나 정박할 수 있고 선원이 상륙할 수 있다.

조·독 수호 통상 조약
독일의 선박이 조선에 자유롭게 드나들 수 있다. 최혜국 대우 규정이 포함되어 있고, 치외 법권을 인정한다.

३ 다른 나라와 조약을 맺을 때 불평등한 조약을 맺지 않으려면 유의할 점이 무엇인지 생각해 보세요.

생각 펼치기

강화도 조약 다시 써 보기

다음 강화도 조약 중 불평등하다고 생각하는 조항 중 세 개를 골라 평등한 조약이 될 수 있도록 고쳐 쓰세요. 그렇게 고친 이유도 써 보세요.

> **강화도 조약** 1876년 조선과 일본 간에 체결된 조약으로 12개의 조항이 있다. 조선은 당시 국제 사회에서 통하는 법이나 조약에 대해 충분히 알지 못해 준비 없이 맺은 불평등한 조약이었다.

강화도 조약 내용

1. 조선은 자주 국가로서 일본과 평등한 권리를 갖는다. 두 나라는 서로 동등한 예의로 대하고 상대국의 권리를 침범하거나 의심하지 않는다.

2. 일본 정부는 지금부터 15개월 후 경성에 사신을 파견하여 예조 판서와 두 나라 일을 협의하고, 조선 정부도 수시로 동경에 사신을 파견하여 외무경과 두 나라 일을 협의한다.

3. 두 나라 사이에 오고 가는 공문을 일본은 자기 나라 글을 쓰되 지금부터 10년 동안은 따로 한문으로 번역한 것을 함께 사용한다. 조선은 한문을 사용한다.

4. 조선은 5조에 실린 두 항구를 개항하여 일본 백성들이 오가면서 무역을 하게 하며 해당 지방에 세금을 내고, 이용하는 땅에 집을 짓거나 조선인의 집을 빌리는 것은 그 사람들에게 맡긴다.

5. 경기, 충청, 전라, 경상, 함경, 5도 중에서 무역이 편리한 두 항구를 선택하고, 20개월 이내에 개항하여 무역을 허락한다.

6. 앞으로 일본 배가 조선 연해에서 표류하거나 연료, 식량이 부족할 경우 어떤 항구에서든 배를 머물게 하여 문제를 해결하게 한다.

7. 조선 연해의 섬과 암초는 이전에 조사한 것이 없어 일본 배들이 다니기에 위험하므로 일본 항해사들이 수시로 해안을 측량하도록 허가한다.

8. 일본 정부는 조선에서 지정한 각 항구에 일본 상인을 관리하는 관청을 설치할 수 있다.

9. 두 나라는 이미 무역을 허락하였으므로 양국 국민들은 자유롭게 무역을 하며 양국 관리들은 조금도 이에 관여할 수 없다.

10. 일본 국민이 조선이 지정한 항구에 머무르는 동안 죄를 범한 것이 조선의 국민과 관계되는 사건일 때는 모두 일본 관리가 재판한다.

11. 양국은 이미 무역을 허가하였으므로 양국 상인의 편의를 위해 따로 무역 규정을 만들고 6개월 이내에 처리한다.

12. 이상의 11개 조항을 두 나라는 성실히 준수하며 양국 정부는 다시 조항을 고칠 수 없다.

조항	조약 내용 다시 쓰기	이유

역사와 뛰놀기

조약 이름 맞히기 게임

'동서남북' 게임을 하면서 우리나라가 외국과 맺었던 조약의 이름을 맞혀 보세요.

준비물
색종이, 사인펜 또는 색연필, 벌칙 카드 ([활동 자료15] 활용)

게임 방법

1. <만드는 방법>에 따라 '동서남북'을 접으세요.
2. 벌칙 카드에 재미있는 벌칙을 써 넣으세요.
3. 가위 바위 보를 해서 이긴 사람이 먼저 '동서남북'을 손가락에 끼우세요.
4. 진 사람은 자기가 원하는 방향과 횟수를 말하세요. (예: 동쪽 열 번!)
5. '동서남북'을 손가락에 낀 사람은 횟수에 맞춰 손가락을 움직이세요.
6. 손가락이 멈췄을 때 지정한 방향에 쓰인 나라를 확인하고, 그 나라와 우리나라가 맺은 조약의 이름을 말하세요.
7. 조약의 이름을 못 맞힌 사람은 벌칙 카드를 뽑고 벌칙을 받아야 해요.

★두 명이 게임을 할 경우에는 번갈아 가면서 게임을 진행하세요.
★여러 명이 게임을 할 경우에는 순서를 정해서 게임을 진행하세요.

만드는 방법

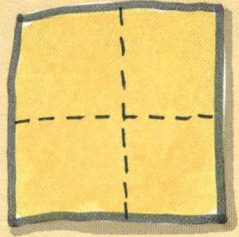
① 접는 선 표시대로 사각형으로 접었다 펴세요.

② 모서리를 중심선으로 향하게 접으세요.

③ ②를 잘 접은 모양입니다.

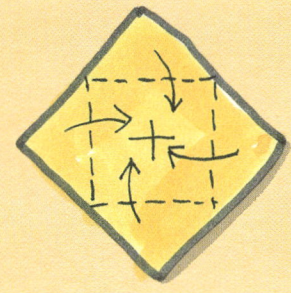
④ ③번을 뒤집어서 ②번과 같은 방법으로 접어요.

⑤ 각 칸에 우리나라와 조약을 맺었던 나라의 이름을 쓰세요.

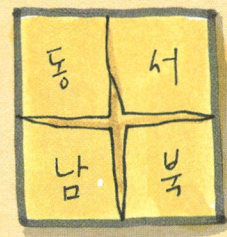
⑥ ⑤번을 뒤집어 바깥쪽으로 접었다 펴고 동서남북을 씁니다.

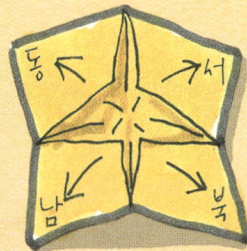
⑦ 한가운데부터 화살표 방향으로 펼치세요.

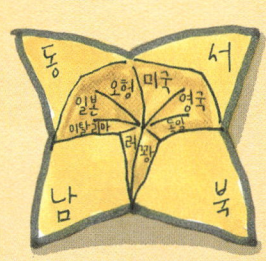
⑧ 완성!

역사 공감하기

1876년 2월 27일(고종 13년), 조선과 일본은 강화도에서 통상 조약을 맺었어. 이 조약을 강화도 조약이라고 부른다는 것은 잘 알고 있지? 《심행일기》는 강화도 조약을 맺을 때 조선 측 대표였던 신헌이 양쪽의 협상 내용과 조약 체결 과정을 기록한 일기야.

'심沁'이란 강화의 옛날 이름이란다. 그러니까 《심행일기沁行日記》는 '강화도 행차의 일기'라는 뜻이겠지?

그동안 강화도 조약 체결 과정을 담은 기록으로는 당시 일본 측 대표였던 구로다 기요타카가 쓴 《사선일기》가 널리 알려져 있었어.

《심행일기》는 양측의 협상 과정을 자세히 기록하고 있고, 무엇보다도 조선의 입장에서 쓴 것이라는 점에서 매우 중요해.

기회 있으면 《심행일기》와 《사선일기》를 한번 비교해 보렴. 같은 일을 놓고 서로 어떻게 다르게 기록하고 있는지 알 수가 있어.

강화도 조약 체결 모습

11
'3일 천하'로 끝난 갑신정변

자! 오늘 숙제 알림장을 게시판에 올려놓았어요.
중요한 내용이 많으니까 자세히 살펴보고
내일까지 빠짐없이 해 오도록 하세요!

19세기 말 조선 숙제 알림장

1884년 ○○월 ○○일 ○요일 날씨: 맑았다가 흐렸다가

1. 외국 세력으로부터 나라 지키기
2. 조선 사회를 개혁하여 근대화 이루기
3. 준비물 잘 챙겨 오기

1번부터 해야 해?
아니면 2번부터 해야 할까?
고민이네, 고민이야.

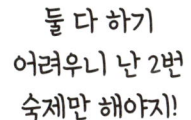

둘 다 하기 어려우니 난 2번 숙제만 해야지!

무슨 소리들을 하고 있는 거야! 외세를 몰아내는 일이 제일 급해! 난 1번 숙제만 해야지.

조선은 과연 주어진 과제를 모두 해낼 수 있을까?

생각 한 걸음

1 서양의 앞선 문물을 받아들여 사회와 국가를 근대화한다는 뜻의 단어는 무엇인가요?

2 박규수, 오경석, 유홍기의 가르침을 받으며 개화를 이루려고 노력했던 청년들은 갑신정변 이후 두 파로 나누어집니다. 두 파는 각각 무엇인가요?

3 1848년 청나라 서계여가 쓴 책으로 개화파들이 즐겨 읽었던 책은 무엇인가요?

4 우리나라 최초의 근대식 우체국으로 갑신정변이 일어난 곳은 어디인가요?

5 갑신정변이 일어나기 2년 전, 일본에 대한 반감과 부패한 정치에 대한 저항으로 군인들이 일으킨 봉기를 무엇이라고 부르나요?

6 임오군란 이후 조선이 청나라, 일본과 맺은 조약 이름을 각각 써 보세요.

생각 두 걸음

1 다음은 임오군란과 관련된 내용입니다.

❶ 구식 군인은 빨간색으로, 신식 군인인 별기군은 파란색으로 동그라미 하세요.

❷ 구식 군인과 별기군이 각각 어떤 생각을 하고 있을지 상상해서 써 보세요.

❸ 다음을 보고 임오군란의 과정을 이야기해 보세요.

- 구식 군인들이 봉기하여 민겸호의 집을 공격함.
- 봉기군이 왕비 민씨를 찾아 창덕궁으로 이동함. 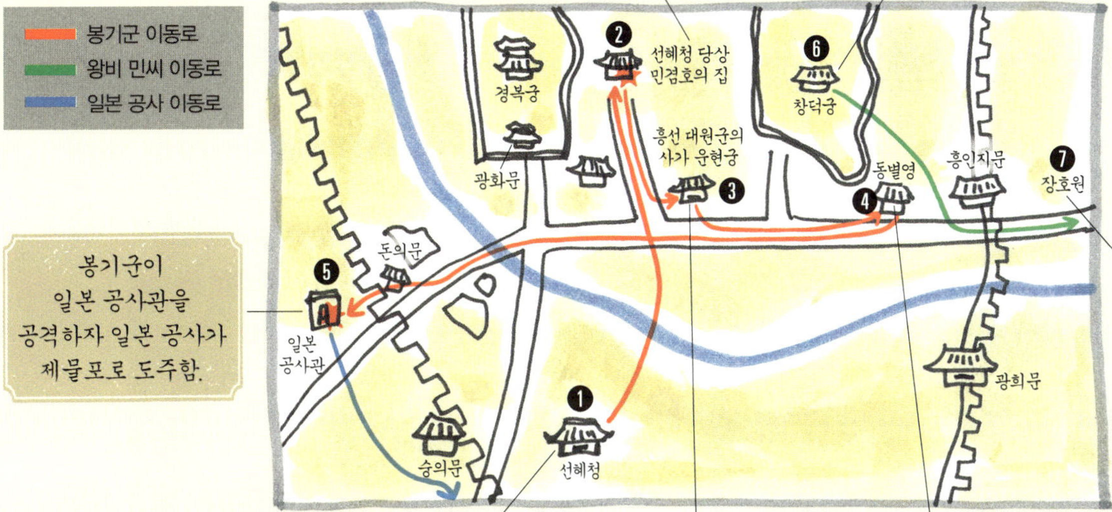
- 봉기군이 일본 공사관을 공격하자 일본 공사가 제물포로 도주함.
- 왕비 민씨가 변장을 하고 장호원으로 피신함.
- 구식 군인들이 선혜청에서 겨와 모래가 잔뜩 들어 있는 곡식을 받음.
- 봉기군이 운현궁으로 이동하여 흥선 대원군을 만남.
- 봉기군이 동별영 습격 후 무기 탈취함.

2 다음은 개화기의 사람들입니다.

❶ 왕비 민씨의 조카이며, 청나라를 모델로 차근차근 개화를 하자고 주장한 사람을 파란색으로 동그라미 하세요.

❷ 우정국을 설립할 때 중요한 역할을 담당했으며, 갑신정변 실패 후 청나라 군대에게 목숨을 잃은 사람을 빨간색으로 동그라미 하세요.

❸ 갑신정변 당시 미국에서 유학중이었으며, 《서유견문》을 쓴 사람을 초록색으로 동그라미 하세요.

❹ 다음 네 사람의 공통점을 써 보세요.

김옥균 박영효 서광범 서재필

3 다음은 갑신정변과 관련된 지도입니다.

❶ 갑신정변이 시작된 장소를 찾아 파란색으로 동그라미 하세요.
❷ 개화파가 정변을 일으킨 후 창덕궁에 있던 고종을 피신시킨 곳은 어디인가요?
❸ 김옥균을 돕기로 했던 나라의 공사관을 찾아 주황색으로 동그라미 하세요.
❹ 왕비 민씨는 갑신정변을 진압하기 위해 어느 나라의 군대를 불렀나요?

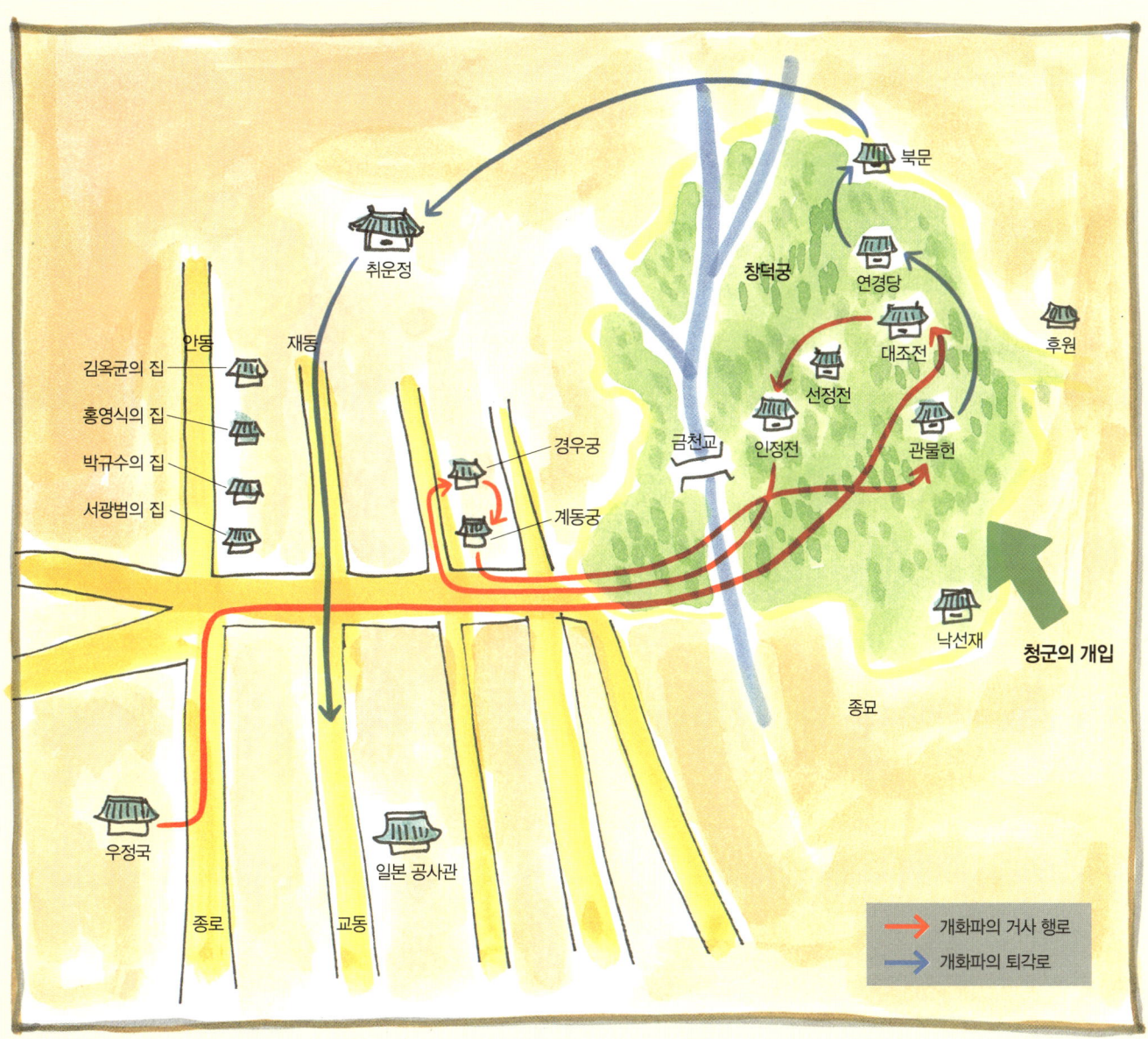

깊이 생각하기

1 다음은 갑신정변 개혁안 중 일부입니다. 조항별로 왜 이런 개혁안을 만들었을지 생각해 보고 이유를 써 보세요.

갑신정변 개혁안 조항	개혁안을 만든 이유
임오군란 때 청나라에 끌려간 흥선 대원군을 즉시 돌아오게 하고, 청나라에 바치는 조공을 폐지할 것	
문벌과 신분을 없애고 재능에 따라 인재를 등용할 것	
전국의 토지에 매기는 세금을 개혁하고 환곡을 폐지할 것	

2 갑신정변은 성공하지 못하였습니다. 갑신정변이 3일 만에 끝나게 된 가장 큰 이유는 무엇이라고 생각하나요?

3 《Japan punch》에 실린 그림을 보고, 당시 서양 강대국들이 조선을 어떻게 생각했는지 이야기해 보세요.

《Japan Punch》는 영국인 찰스 워그맨이 1862년 일본의 요코하마에서 발행한 일본 최초의 시사만화 잡지로서, 영문으로 되어 있다.

생각 펼치기

✏️ 김옥균의 편지 쓰기

김옥균이 되어 개화파 동지들에게 함께 갑신정변을 일으키자는 내용을
담은 편지를 써 보세요.

갑신정변 전의 상황

임오군란이 일어나자 왕비 민씨는 청나라에 도움을 청했고, 그 결과 청나라의 간섭이
심해져 조선은 자주적인 정치와 외교를 할 수 없게 되었다. 이후 청나라에 의존하려는
수구파와 일본의 도움을 받아 자주적인 나라를 세우려는 개화파의 갈등이 깊어졌다.
개화파는 나라의 심각한 재정 적자를 해결하기 위해 김옥균이 주장한 일본 차관
도입이 실패하고, 박영효가 양성하던 신식 군대를 수구파에게 빼앗기는 등
여러 개화 정책이 실패하면서 정치적으로 위기에 처하게 되었다. 그러던 중 1884년 4월
청나라와 프랑스 사이에 베트남을 둘러싼 전쟁이 일어났고 청은 주둔군 3000명 중
1500명을 베트남 전선으로 이동시켰다. 이에 개화파는 청나라의 군사력이 약해진 것을
틈타 정변을 계획하였고, 일본은 개화파에 도움을 약속하였다.

김옥균의 주장

부득불 한 번 대경장이 있어 정부를 개혁해야만 군권이 존중될 수 있고,
민생이 보존될 수 있다. (중략) 독립하려면 즉 정치 외교는 마땅히 자수자강 해야 하는데,
청을 섬기는 지금의 정부와 인물로서는 이룰 수 없으므로, 한번 모든 것을 제거해야
한다. 군권을 위험에 빠뜨리고, 세력을 탐하는 구식의 무리를 소제하는 방법은
두 가지 계책이 있다. 하나는 임금의 밀칙을 얻어서 평화적으로 행사하는 것이고,
하나는 임금의 밀의를 의뢰하여 힘으로 종사하는 것이다.

김옥균 〈조선 개혁 의견서〉

역사와 뛰놀기

태극기 만들기

태극기를 색칠하여 만들어 봅시다.

조선은 1876년 강화도 조약을 맺으면서 국기가 필요하다는 것을 알게 되었다. 박영효는 1882년 제물포 조약의 처리를 위해 일본으로 가던 중 메이지마루라는 배 안에서 고종의 명령에 따라 태극기를 만들어 고베의 숙소에 게양하였다.

준비물
색연필이나 사인펜,
태극기 밑그림([활동 자료17] 활용),
수수깡, 풀

만드는 방법
1. 색연필이나 사인펜을 이용하여 태극기를 예쁘게 색칠하세요.
2. 빗금 친 곳에 풀칠을 한 후 수수깡을 대고, 종이를 돌돌 말아서 고정하세요.

태극기 구성과 의미

건(乾) 하늘, 남쪽, 여름을 뜻한다.

태극(太極) 음과 양의 조화를 뜻한다.

리(離) 해, 동쪽, 봄을 뜻한다.

감(坎) 달, 서쪽, 가을을 뜻한다.

하얀 바탕 밝음과 순수를 뜻한다.

곤(坤) 땅, 북쪽, 겨울을 뜻한다.

박영효가 만든 것으로 추정되는 태극기

태극기의 다양한 모양

우리나라에 남아 있는 태극기 중 가장 오래된 것으로 알려진 태극기

1923년 중국 상하이 대한민국 임시 의정원에 걸었던 태극기

현재 태극기

역사 공감하기

홍종우

나는 38세가 되는 해, 서양의 근대법을 배우러 프랑스로 유학을 가야겠다고 결심했어. 늦은 나이였지만 용기를 냈지. 일본에서 2년 동안 일해서 학비를 벌어 드디어 마흔 살에 프랑스로 떠났단다.

프랑스는 조선인에게 호락호락하지 않았어. 뜻한 대로 공부하기가 어려웠어. 나는 기메 박물관에 취직을 했고, 프랑스 지식인들과 어울리며 서양의 정치, 경제, 사회, 문화에 대해 알게 되었어. 그들은 조선에 대해 매우 궁금해 했어. 나는 그들에게 조선의 역사와 환경에 대해 강연을 했어. 서양에 가톨릭의 이념과 가치가 있다면 동양에는 공자와 노자가 있다고 알려 주었지. 또 한복을 입고 다니며 조선의 전통과 문화에 대한 긍지를 잃지 않으려고 노력했어. 프랑스에게 조선은 아주 먼 나라지만 프랑스가 조선을 알고 사랑하게 된다면 거리는 의미 없어질 거라 생각했어. 그런 생각으로 우리 소설 《심청전》을 《한국 소설 다시 꽃이 핀 마른나무(ROMAN CORÉEN le Bois sec refleuri)》라는 제목으로 번역하여 출판했어. 《춘향전》도 내 도움으로 《향기로운 봄(Printemps Parfumé)》이라는 제목으로 번역 출판되었지.

프랑스에서 나는 알게 되었어. 조선의 개화파들이 주장하는 것처럼 모든 면에서 서양을 따라 변화하는 것만이 조선을 강하게 하는 길은 아니라는 것을 말이야. 조선은 오랜 세월 동안 지켜 온 가치와 전통이 있어. 그건 서양과 비교해도 뒤지지 않는다고 생각해. 에스키모나 인디언이 똑같은 옷을 입지 않고 저마다의 환경에 맞는 옷을 입는 것처럼, 나라마다 갖고 있는 특징은 지켜져야 한다는 생각에 이르렀지. 조선의 정치 체제를 지키면서 서양 문물을 우리에게 맞게 이용하는 것이 조선을 강하게 하는 것이라는 신념이 생겼단다.

나는 십 년의 프랑스 생활을 정리하고 귀국 길에 올랐어. 나의 신념을 조선에서 실현해 보고 싶었던 거야. 그때, 고종 황제의 밀사가 내게 다가왔어.

"김옥균이 또 정변을 일으키려고 때를 노리고 있으니 그를 암살하라!"

조선의 환경과 역사, 전통을 생각하지 않고 모든 면에서 서양을, 아니 일본을 따라하려 한 개화파의 우두머리 김옥균! 그가 또 정변을 일으키려 한다니…. 내가 어떻게 했을 것 같아?

나, 홍종우는 신념에 맞는 행동을 했고, 김옥균은 내 총에 쓰러졌어.

그래, 그렇게 된 거야.

12 전봉준과 동학 농민 운동

새야 새야 파랑새야

새야 새야 파랑새야 ♪

♫ 녹두밭에 앉지 마라

녹두 꽃이 떨어지면

청포장수 울고 간다 ♫♪

이 노래는 동학 농민 운동 때
푸른색 군복을 입었던 일본군을 파랑새로,
전봉준과 농민군은 녹두 꽃으로,
백성은 청포장수로 표현해서 지어 불렀다는
이야기가 전해지고 있어. 이 노래를 같이 불러 보면서
어떤 사연이 있는지 알아보러 가자.

생각 한 걸음

1 동학 농민 운동을 이끌었으며 녹두 장군으로 불린 사람은 누구인가요?

2 농민군의 깃발에 쓰여 있던 '보국안민'의 뜻은 무엇인가요?

3 농민군 대표와 조정 대표가 전주에서 만나 화해의 약속을 한 것을 무엇이라고 하나요?

4 농민군이 주장한 개혁 내용을 실천에 옮기기 위해 전라도와 충청도, 경기도 일대에 세운 개혁 기구는 무엇인가요?

5 청나라와 일본이 조선에 대한 지배권을 차지하기 위해 벌인 전쟁은 무엇인가요?

6 1894년 시작된 개혁으로서, 일본의 간섭 아래 이루어진 개혁은 무엇인가요?

생각 두 걸음

1 다음은 동학 농민 운동과 관계된 지도입니다.

❶ 동학 농민 운동이 전개된 순서를 빈칸에 쓰세요.
❷ 각 사건과 관련된 스티커를 알맞은 곳에 붙여 보세요. ([활동 자료10] 활용)
❸ 동학 농민군이 조선 조정과 전주 화약을 맺은 이유는 무엇인가요?
❹ 동학 농민군의 1차 봉기와 2차 봉기는 어떤 차이점이 있나요?

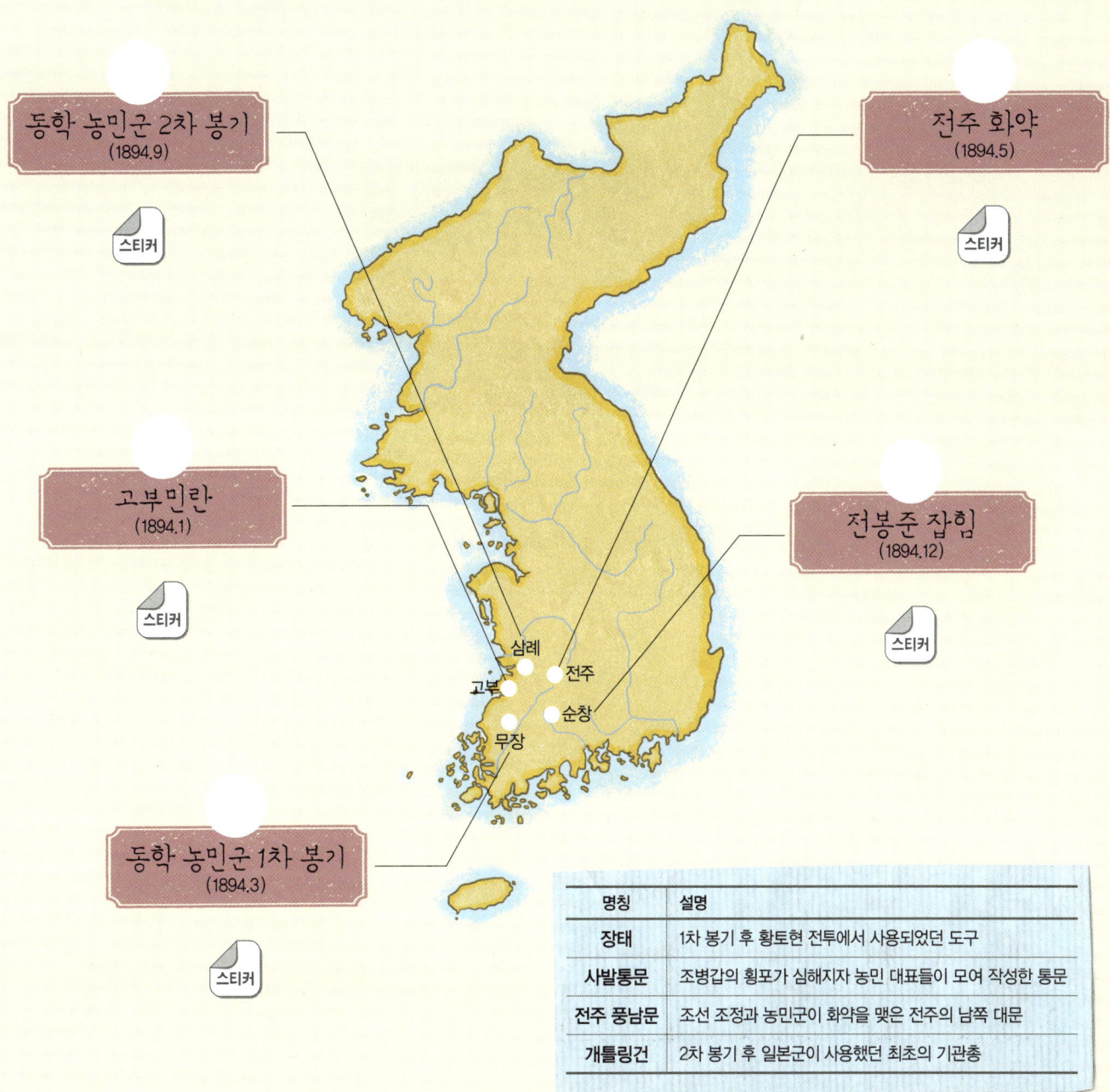

명칭	설명
장태	1차 봉기 후 황토현 전투에서 사용되었던 도구
사발통문	조병갑의 횡포가 심해지자 농민 대표들이 모여 작성한 통문
전주 풍남문	조선 조정과 농민군이 화약을 맺은 전주의 남쪽 대문
개틀링건	2차 봉기 후 일본군이 사용했던 최초의 기관총

2 다음은 청·일 전쟁과 관련된 지도와 사진입니다.

❶ 청·일 전쟁의 결전지를 찾아 동그라미 해 보세요.
❷ 청나라가 조선에 군사를 보낸 이유는 무엇인가요?
❸ 일본이 조선에 군사를 보낼 수 있었던 조약의 이름은 무엇인가요?
❹ 청·일 전쟁에서 이긴 나라는 어디인가요?
❺ 가장 큰 피해를 입은 나라는 어느 나라라고 생각하나요?

3 다음은 갑오개혁이 이루어지기 전과 후의 조선 사회의 모습입니다.

❶ 왼쪽의 그림과 오른쪽 사진을 보고 변화된 모습에 해당하는 것을 찾아 연결해 보세요.

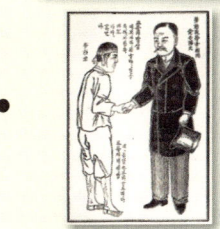

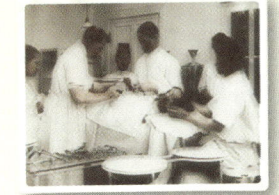

❷ 갑오개혁 이후 변화된 모습 중 하나를 골라 문장으로 정리해 보세요.

깊이 생각하기

1 다음을 참고하여 동학 농민 운동이 이전의 농민 봉기와 어떤 점이 다른지 이야기해 보세요.

19세기 중반 농민 봉기의 요구 사항	동학 농민 운동의 개혁안
• 토지세는 토지를 갖고 있는 사람이 내도록 하라. • 환곡을 빌려줄 때 나쁜 쌀을 주거나, 비싼 이자를 붙이지 마라. • 군적에 죽은 사람이나 어린 아이를 올려 무리하게 군포를 걷지 마라.	• 탐관오리, 횡포한 부자, 못된 양반을 처벌할 것. • 노비 문서를 없애고 천인들에 대한 대우를 개선할 것. • 정해진 세금 이외에 잡세를 거두지 말 것. • 가문 중심이 아니라 인재 중심으로 관리를 채용할 것. • 일본과 몰래 통한 자를 처벌할 것. • 토지를 공평하게 나눠 줄 것.

2 갑오개혁의 개혁안 중에서 백성들에게 가장 환영받았을 조항을 고르고, 그 이유를 써 보세요.

> - 청나라에 의지하지 않으며, 모든 문서에 개국 기원을 사용하여 자주 독립국임을 밝힌다.
> - 과거 제도를 폐지하고, 관리를 뽑을 때 신분과 가문에 관계없이 인재를 뽑는다.
> - 죄인의 가족과 친척까지 형벌을 받는 연좌제를 없앤다.
> - 남자 20세, 여자 16세 이하의 결혼을 금한다.
> - 과부의 재혼은 자유에 맡긴다.
> - 노비 제도를 없앤다.
> - 각종 세금은 돈으로 내고 도량형을 통일한다.
> - 총명한 젊은이를 뽑아 외국에 보내 학술과 기예를 배우게 한다.

3 갑신정변과 갑오개혁은 위로부터의 개혁이라고 하고 동학 농민 운동은 아래로부터의 개혁이라고 합니다. 위로부터의 개혁과 아래로부터의 개혁은 어떤 장단점이 있을지 생각해 보세요.

생각 펼치기

 역사 동화 쓰기

선운사 도솔암 마애불을 소재로 이야기를 만들어 역사 동화를 써 보세요.

선운사 도솔암 마애불은 높이가 약 13m이다. 유물의 연대는 고려인지 조선인지 정확하지 않다. 1994년에 보물 1200호로 지정되었다. '마애불의 배꼽에는 비결이 들어 있는데, 그것이 세상 밖으로 나오는 날 한양이 망하고, 비결에 손대는 사람은 벼락을 맞아 죽는다.'는 전설이 전해진다. 동학 농민 운동이 일어나기 전, 농민군의 지도자 손화중이 비결을 꺼냈다는 소문이 있다.

⭐ 동화를 쓰기 전에 인물, 배경, 사건을 정리해 보세요.

등장인물 ▶	
시간, 공간 배경 ▶	
일어나는 사건 ▶	

⭐ 정리한 내용을 바탕으로 역사 동화를 써 보세요.

역사와 뛰놀기

동학 농민 운동 구호 외치기

'보국안민'과 '항일구국'이라는 단어로 구호 외치기 게임을 해 보세요.

> 보국안민(輔國安民): 나라를 구하고 백성을 편안하게 한다.
> 항일구국(抗日救國): 일본과 싸워 나라를 구하자.

게임 방법

1. '보국안민'이나 '항일구국'이라는 단어를 사용하세요.
2. 게임을 할 때 두 단어를 번갈아 가며 사용할 수 있어요.
3. 마지막으로 지목 당한 사람의 양옆 사람은 양손을 위로 들고 "만세!"를 외치세요. (외치는 말을 바꿔 가며 진행해도 좋아요.)
4. 진 사람의 벌칙은 자유롭게 정하세요.

① 한 사람이 다른 사람을 가리키며 "보"라고 외치세요.

② 지목을 당한 사람은 다른 사람을 가리키며 "국"이라고 외치세요.

③ 지목을 당한 사람은 다른 사람을 가리키며 "안"이라고 외치세요.

④ 지목을 당한 사람은 다른 사람을 가리키며 "민"이라고 외치세요.

⑤ 마지막으로 지목을 당한 사람의 양옆 사람은 손을 위로 올리고 "만세!"라고 외치세요.

⑥ "만세!"라고 외치고 나면, 마지막 사람이 게임을 다시 시작하세요.

역사 공감하기

> 난 홍수전이라고 해. 1914년, 중국 청나라에서 농민의 아들로 태어났어.
> 조선과 마찬가지로 청나라에서도 농민으로 살아간다는 건 너무나 힘든 일이야.
> 아무리 열심히 농사를 지어도 부패한 관리들이 갖은 방법으로 농사지은 곡식을
> 가져가 버리는 통에 살기가 힘들었단다. 그런데다가 영국과 전쟁에서
> 청나라가 졌지 뭐야. 영국한테 막대한 배상금을 물어줘야 했는데
> 이 또한 농민들 부담이 되었어.
> 난 더 이상 참을 수가 없었어. 그래서 부패한 청나라를 무너뜨리고
> 모든 사람이 평등하고 살기 좋은 새로운 세상을 만들기 위해
> 태평천국 운동을 일으켰어. 앞으로 이 운동이 성공할지 나도 잘 모르겠어.
> 하지만 농민들이 살기 좋은 세상이 반드시 오기를 바라.

홍수전이 일으킨 태평천국 운동은 1851년에서 1864년까지 13년간 계속되었어. 결국 홍수전은 죽고 태평천국 운동은 끝이 났지만, 청나라 말기에 일어난 최대의 농민 운동으로 평가되고 있지.
태평천국 운동이 일어난 지 약 40년 뒤, 조선에서도 농민들이 농민 운동을 일으켰단다. 그래, 바로 동학 농민 운동이야.
농민 운동은 조선, 청나라에서만 일어난 것이 아니야. 세계 여러 나라에서 농민 운동이 일어났단다. 대부분 성공하지 못하고 진압되었지만, 그것을 계기로 사람들은 무엇이 잘못되었는지 깨닫고, 잘못을 고쳐 나가려고 노력하게 되었어. 농민들이 목숨 걸고 싸운 것이 헛된 희생은 아니었어.

13. 명성 황후, 그 비극의 죽음

나는 1851년 9월 25일 여주에서 태어났어. 	8살 때 아버지께서 돌아가셨어. 어머니와 나는 서울의 감고당에서 살았단다. 
16세에 왕비로 간택이 되어 고종과 혼례를 올렸어. 	23세가 되던 해에 흥선 대원군이 물러났어. 나는 나라를 직접 다스리게 된 남편 고종을 도왔단다. 

나에 대해 또 어떤 것들을 알고 있니? 너희들이 나를 어떻게 평가할지 무척 궁금하구나.

생각 한 걸음

1 1895년 10월 8일 일본 자객들이 명성 황후를 시해한 사건을 무엇이라고 하나요?

2 경복궁 맨 안쪽에 위치한 명성 황후가 시해된 장소는 어디인가요?

3 을미사변이 일어난 후 고종이 피신한 곳은 어디인가요?

4 러시아, 독일, 프랑스는 일본이 차지한 요동 반도를 청나라에 되돌려 주라고 요구했습니다. 이 사건을 무엇이라고 하나요?

5 1897년 10월 고종은 나라 이름을 '대한제국'으로 바꾸고 청나라의 연호가 아닌 새로운 연호를 사용했습니다. 이 연호는 무엇인가요?

6 고종이 대한제국 개혁의 기본으로 삼은 '구본신참'의 뜻을 써 보세요.

생각 두 걸음

1 다음은 명성 황후와 관련된 내용입니다.

❶ 사진을 보면서 명성 황후와 어떤 관계가 있는지 이야기해 보세요.

❷ 명성 황후의 장례식은 왜 2년이 지난 뒤에 치러졌을까요?

감고당(경기도 여주로 이전·복원)

고종

흥선 대원군

민영익

러시아 공사관

사바틴

건청궁 옥호루

미우라 공사

《명성 황후 국장 도감 의궤》

2 다음은 '삼국 간섭'과 관련된 조약과 지도입니다.

❶ '시모노세키 조약'의 내용을 읽어 보세요.
❷ 청·일 전쟁에서 승리한 후 일본이 차지한 요동 반도에 동그라미 하세요.
❸ 삼국 간섭을 한 세 나라의 이름을 빈 곳에 써 보세요.
❹ 러시아가 일본을 견제한 이유는 무엇일까요?

> 청·일 전쟁 후 청과 일본은 시모노세키 조약을 맺었다. 1895년 4월 일본의 시모노세키에서 청의 이홍장과 일본의 이토 히로부미가 체결한 이 조약에는 '청국은 조선국이 무결한 독립 자주국임을 확인한다. 청국은 요동 반도와 대만 및 팽호도 등을 일본에 넘겨준다. 청국은 일본에 배상금 2억 냥을 지불한다.' 등의 조항이 포함되었다.

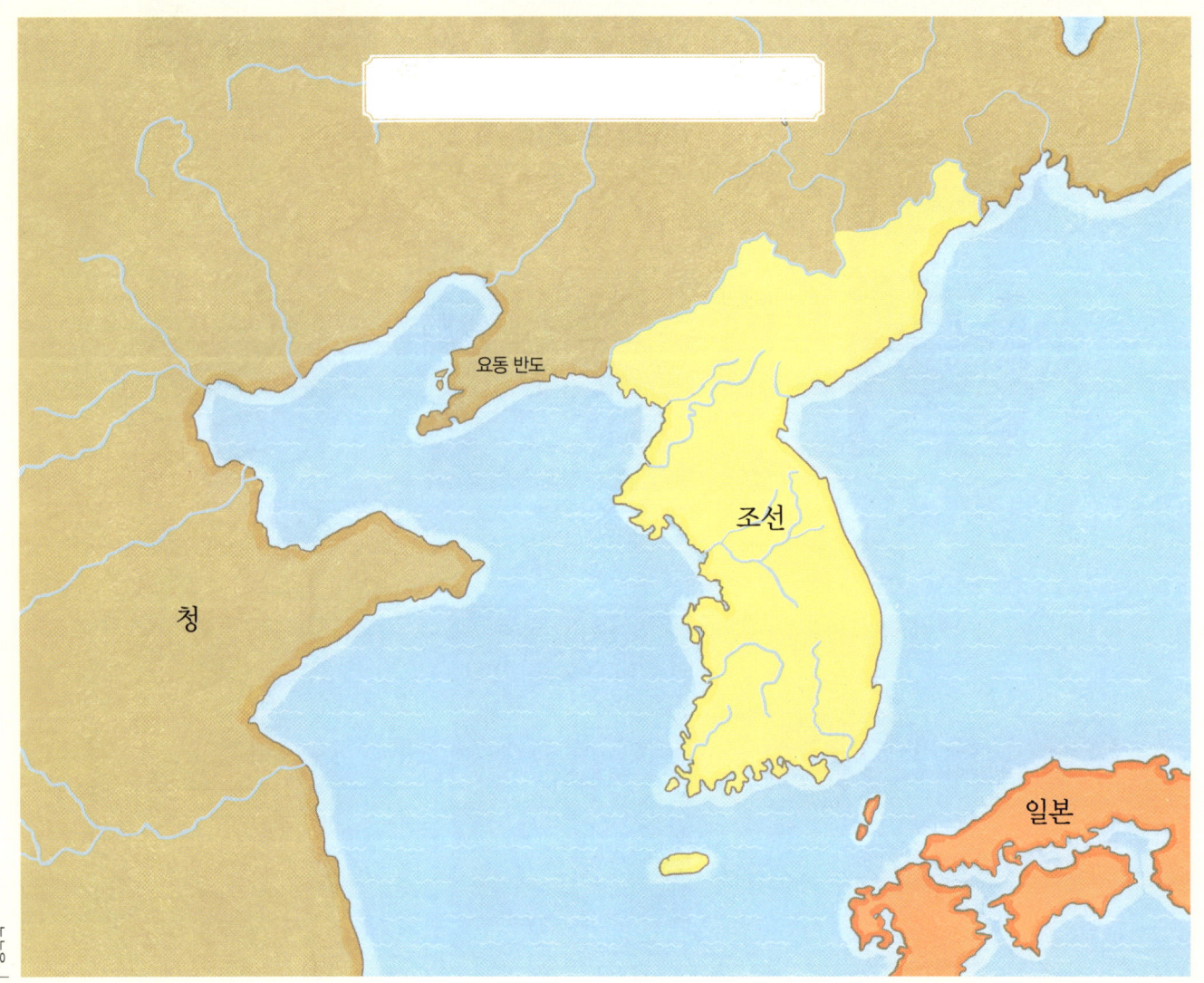

3 다음은 19세기 후반 조선에서 일어난 여러 사건입니다.

❶ ㉠,㉡,㉢에 알맞은 사건의 이름을 [보기]에서 골라 써 보세요.
❷ 명성 황후는 왜 러시아와 친하게 지내려 했나요?
❸ 을미사변 이후부터 광무개혁까지 고종에게 일어난 일을 이야기해 보세요.

보기
갑오개혁
광무개혁
갑신정변

깊이 생각하기

1 을미사변이 일어날 당시 삼국의 상황입니다. 읽어 보고, 을미사변이 일어나게 된 이유를 설명해 보세요.

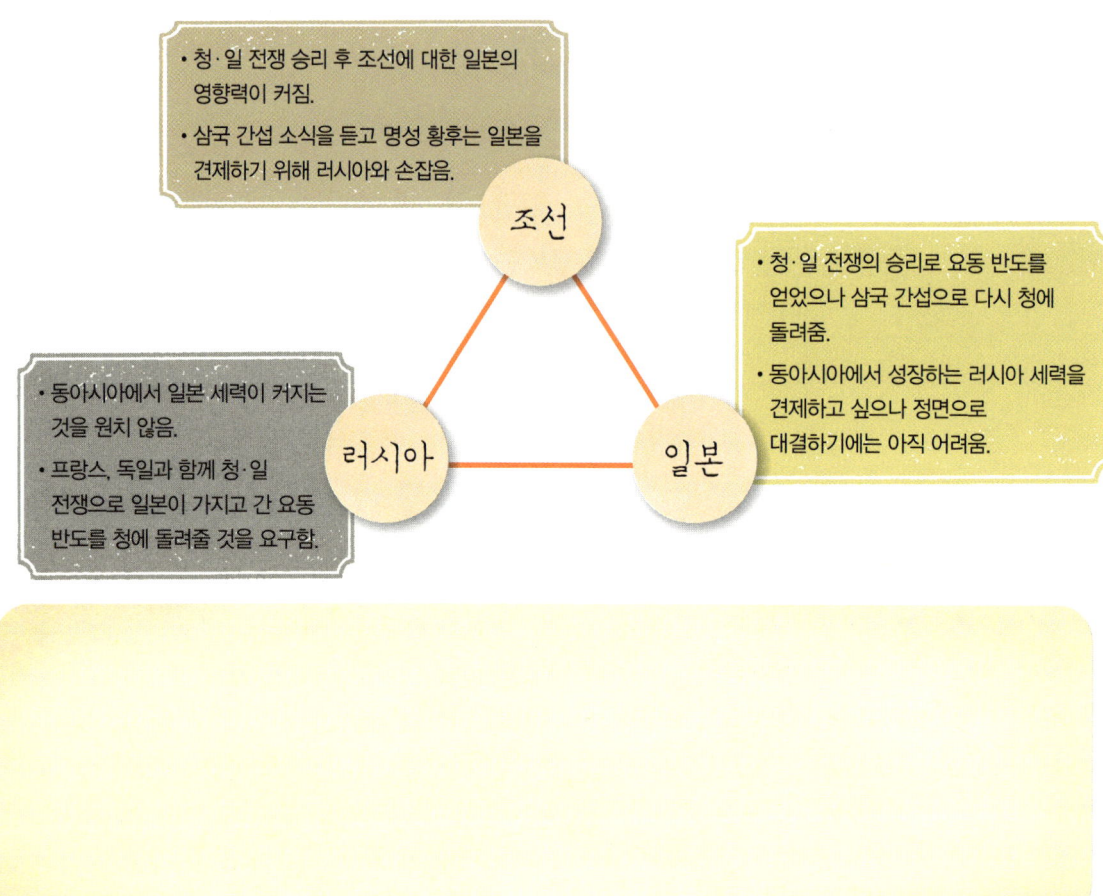

2 을미사변 후, 고종은 약 1년 동안 러시아 공사관에서 생활했습니다. 러시아는 왜 고종을 보호했을까요?

3 다음은 대한제국의 개혁안입니다. 고종은 조선을 어떤 나라로 만들고 싶었는지 개혁안을 참고해서 써 보세요.

대한국 국제 (대한제국을 선포하며 고종이 선포한 법)
- 제1조 대한국은 세계 만국이 인정한 자주독립제국이다.
- 제2조 대한국의 정치는 만세 불변의 전제 정치이다.
- 제5조 대한국 대황제는 육·해군을 통솔한다.
- 제6조 대한국 대황제는 법률을 제정하여 그 반포와 집행을 정하고, 필요한 칙령을 발표한다.
- 제7조 대한국 대황제는 행정 각 부의 관제를 정하고, 행정상 필요한 칙령을 발표한다.

개혁 내용
- 토지 조사를 실시하여 토지 주인의 권리를 밝힌다.
- 상공업을 장려하고, 금융 기관을 설립한다.
- 서울 친위대와 국왕 호위대를 개편하며 근대적 군사 교육을 실시한다.
- 병원, 학교 등 근대적 시설을 건설한다.
- 통신 시설을 개선하고 전국의 우편·전보망을 늘린다.
- 단발령을 실시하고 관리는 양복을 입는다.

생각 펼치기

 아관파천에 관한 보고서 쓰기

러시아 공사가 되어 다음 내용을 참고하여 러시아 황제에게 아관파천을 알리는 보고서를 써 보세요.

아관파천은 1896년 2월 11일, 을미사변 후 신변의 위험을 느낀 고종과 왕세자가 궁궐을 빠져나와 러시아 공사관으로 거처를 옮긴 사건으로 당시 러시아 공사관에는 베베르와 스페이에르 두 명의 공사가 있었다. 고종이 러시아 공사관에 머무르는 동안 친러파가 세력을 잡았고, 러시아는 압록강 삼림 채벌권 등 조선에서 각종 이권을 챙기게 되었다.

러시아 공사(스페이에르)의 증언

나는 서울 도착 이후 조선의 정황을 보고 정말 놀랐다. 조선 왕은 그의 각료들의 불합리한 요구를 저지할 힘이 없었고, 조선의 각료들이 일본 공사관으로부터 지시를 받고 있었다. 이에 나는 이런 상황이 더 이상은 허용될 수 없다고 판단했다. 이러한 상황을 해결할 수 있는 방법은 왕이 궁궐을 몰래 빠져나와 우리 공사관에 머무르게 하는 것이었다. 그래야 조선의 왕은 비로소 친일 관리들을 해임하고 그의 의지대로 나라를 다스릴 수 있을 것이다. 그래서 나는 망설이는 조선 왕을 설득했다.

출처: 최문형, 《명성황후 시해의 진실을 밝힌다》, 지식산업사

제목:

역사와 뛰놀기

명성 황후 초상화 그리기

다음 사람들이 표현한 내용을 보고 명성 황후의 모습을 상상해서 초상화를 그려 보세요. ([활동 자료18] 활용)

준비물
[활동 자료18], 붓펜

★명성 황후로 추측되는 여러 장의 사진이 남아 있으나 어느 사진이 진짜 명성 황후의 모습인지는 알 수 없어요.

프랑스공사 프랑뎅이 살짝 훔쳐본 명성 황후의 모습

그러나 마땅히 부여되는 존경의 표징들을 보고서야 비로소 누가 왕비인지를 알아차릴 수 있었다. 그녀의 의상은 모시고 있는 시녀들의 의상과 매한가지로 비단 종류와 얇은 천으로 이루어져 있었고 매우 화려해 보였다. 땋아서 만든 머리 장식은 매우 복잡하여 왕관 모양으로 얹혀 있었고 머리의 중간중간은 보석으로 치장했다. 또 최소한 60센티미터 길이는 됨직한 거대한 비녀를 꽂았는데 이러한 머리 장식은 가뜩이나 평균치가 못 돼 보이는 키를 가진 왕비에게는 과중한 부담이 되는 것처럼 느껴졌다. 다른 모든 한국 여인네들처럼 왕비와 시녀들도 너무 화장을 진하게 했기 때문에 그들의 나이는 물론이려니와 심지어 얼굴 모습을 짐작하기조차 어려울 지경이었다. (하략)

출처: 끌라르 보티에·이뽀리트 프랑뎅, 김상희·김성언 옮김, 《프랑스 외교관이 본 개화기 조선》, 태학사

박영효가 말한 명성 황후의 모습

키는 별로 크지 않으나 조선 부인치고는 작지 않았다. 살은 찌지 않았고 오히려 날씬한 편이며 얼굴도 갸름하였다. 눈은 가늘고 눈끝이 위로 치솟아 언뜻 보기에 부드러운 인상은 아니지만 그렇다고 험한 얼굴은 아니다. 조선 부인치고는 표정이 풍부하여 예쁜 축에 들었다. 그리고 이마의 옆쪽에 한 치 정도의 종기 흉터가 있는 것으로 기억된다.

영국인 지리학자 비숍이 말한 명성 황후의 모습

왕비는 마흔 살을 넘긴 듯했고 퍽 우아한 자태에 늘씬한 여성이었다. 머리카락은 반짝반짝 윤이 나고 칠흑 같은 흑발이었고, 피부는 너무도 투명하여 꼭 진줏빛 가루를 뿌린 듯했다. 눈빛은 차갑고 날카로우며 예지가 빛나는 표정이었다. 너무도 아름답고 풍성하며 주름이 많이 잡힌 남빛의 긴 치마를 입고 있었다.

출처: 이사벨라 비숍, 이인화 옮김, 《한국과 그 이웃 나라들》, 살림

역사 공감하기

1898년 3월 10일 종로 네거리에 사람들이 모여들었어. 시전 상인 현덕호는 백목전 2층 다락 창문을 열고 연설을 했단다.

"러시아에 절영도 땅을 빌려주지 마라! 조선의 경제를 흔드는 한·러 은행은 조선 땅에서 철수하라! 조선 군사들을 훈련시킨다는 이유로 들어와 있는 러시아 군관들도 돌려보내라!"

만 명 넘게 모인 사람들은 박수를 치며 환호했어. 사람들은 러시아 공사관에서 돌아온 고종이 친러로 기울어 있는 것과 러시아의 야심을 매우 염려하고 있었어. 토론이 계속되었어. 사람들은 봇물 터지듯 저마다 의견을 냈단다. 3일 후, 사람들은 자발적으로 다시 모여 러시아 세력을 몰아낼 것을 요구하는 토론회를 가졌어.

고종은 깜짝 놀랐어. 무지하다고만 생각했던 백성들이 정부 정책에 시정을 요구하다니. 결국 고종은 백성들의 뜻을 받아들였단다.

이번엔 백성들이 깜짝 놀랐어. 자신들의 목소리가 받아들여진다는 것을 알게 된 거야. 이제 종로 네거리에서 벌어지는 토론회에는 남녀노소, 신분을 막론하고 사람들이 구름같이 모여들었어. 이것을 만민 공동회라고 불러.

만민 공동회는 백성의 생명과 자유를 존중할 것, 강대국에 붙어 부정부패를 일삼는 관리들을 몰아낼 것, 조선의 경제를 지키고 살릴 것 등 나라를 강하게 만들 방법을 논하고 적극적으로 정부에 건의하는 활발한 토론장이 되었단다. 만민 공동회는 의회 설립까지 요구하게 되었어. 그러자 황제의 권력이 약화될 것을 염려한 고종은 만민 공동회를 해산시키고 말았지.

1년이 못 가 막을 내린 만민 공동회지만 토론에 참여했던 사람들은 자신의 체험을 잊을 수 없었어. 나라가 가야 할 방향을 함께 고민하고 토론하여 정책에 반영시키는 것. 그것이 흔들리는 조선을 구할 수 있는 백성들의 힘이라는 것을 깨달았지. 이게 바로 민주주의의 꽃, 토론 문화 아니겠니? 민주주의가 무엇인지 한 번도 배운 적 없는 조선 백성이지만 이미 그들은 깨닫고 느끼고 있었어.

14

개항 후 달라진 생활

새로운 세상이 왔어. 앞으로 사람들의 생활은 어떻게 변할까?

생각 한 걸음

1 우리나라 최초로 전깃불이 켜진 장소는 어디인가요?

2 1898년 5월에 처음 개통되었으며, 전기의 힘을 이용하여 땅 위를 달리는 차는 무엇인가요?

3 우리나라 최초의 철도는 어느 지역에서 어느 지역까지 이어져 있었나요?

4 1895년에 모든 백성에게 상투를 자르라고 내린 명령은 무엇인가요?

5 개항 후 교회나 성당에서 올리는 신식 결혼식을 무엇이라고 불렀나요?

6 《매천야록》이라는 책에서 다음과 같이 말한 사람은 누구인가요?

> 심하도다, 우리나라 사람들의 아둔함이여. 대개 나라에 들어오는 물건은 비단, 시계, 물감 따위 기묘하고 기이한 물건에 지나지 않고, 나라에서 나가는 것은 쌀, 콩, 가죽, 금, 은 같은 평상시의 보배다. 이러고서야 나라가 망하지 않을 수 있겠는가?

생각 두 걸음

1 다음은 개항 후 경운궁 근처 정동의 모습입니다.

❶ 개항 후 정동에 새로 생긴 건물의 스티커를 붙여 보세요. ([활동 자료11] 활용)

❷ 정동에 이와 같은 신식 건물이 많이 생긴 이유는 무엇일까요?

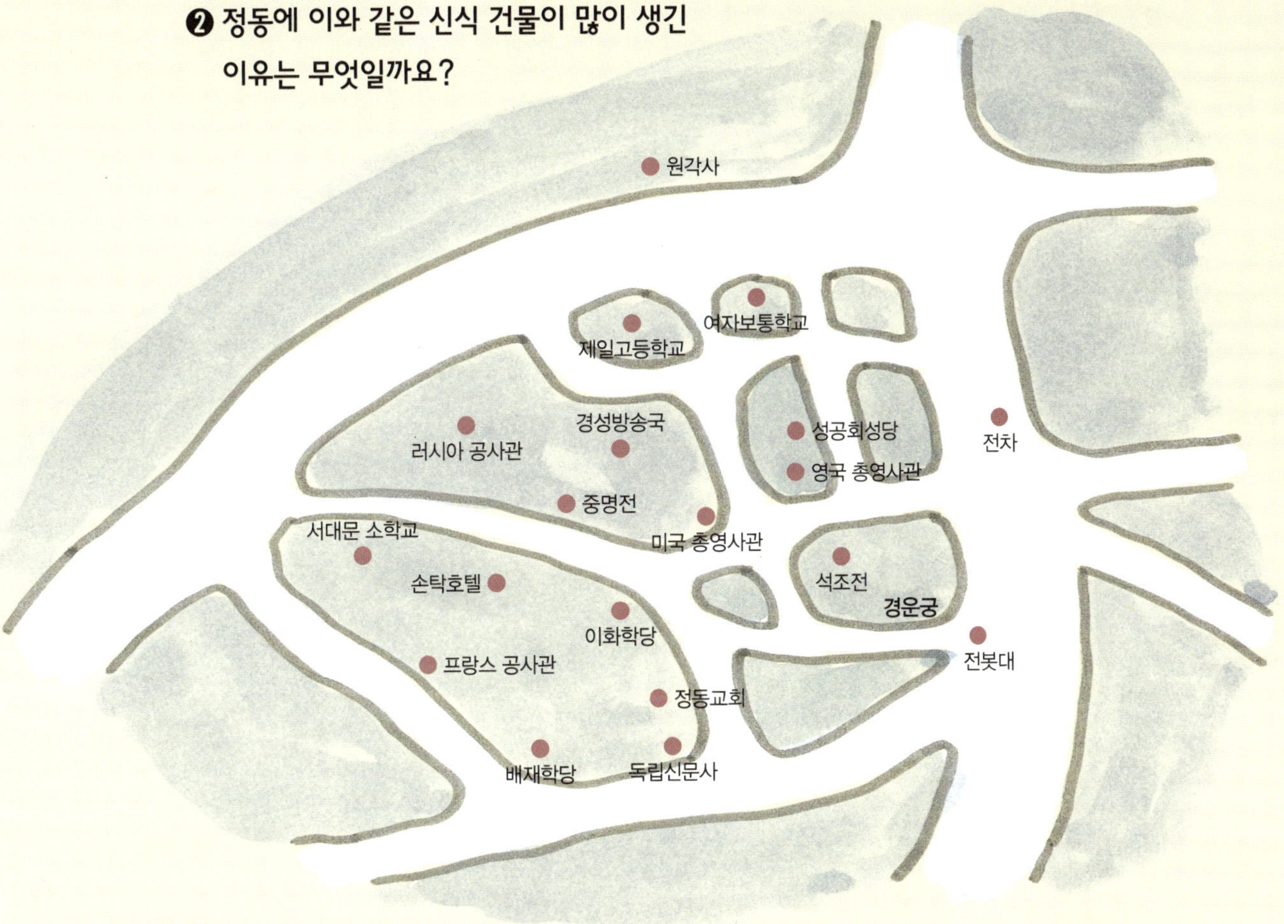

● 원각사

● 제일고등학교 ● 여자보통학교

● 러시아 공사관 ● 경성방송국 ● 성공회성당 ● 전차
● 영국 총영사관

● 서대문 소학교 ● 중명전
● 손탁호텔 ● 미국 총영사관 ● 석조전
● 이화학당 **경운궁**
● 프랑스 공사관 ● 전봇대
● 정동교회
● 배재학당 ● 독립신문사

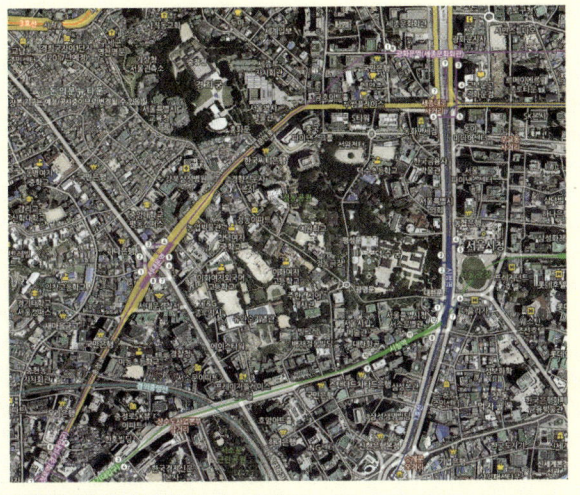

현재의 정동 위성사진(2014년 기준)

석조전	1910년 완공한 3층짜리 석조 건물로 황제와 황후가 사용했다.
정동교회	1897년 완공된 한국 개신교 최초의 서양식 예배당이다.
손탁호텔	1902년 지어진 조선 최초의 서양식 호텔로 서양 식당과 커피숍이 있었다.
중명전	1901년 황실 도서관으로 지어진 2층짜리 벽돌 건물이다.
배재학당	1885년 미국인 선교사 아펜젤러가 세운 학교이다.
원각사	1908년 지어진 조선 최초의 서양식 황실 극장이다.
러시아 공사관	1890년에 지어진 서양식 건물이다.
전차	1898년 서대문-종로-홍릉 노선의 첫 전차가 개통되었다.
전봇대	1890년 서울 종로 거리에 전깃불이 밝혀지고, 1898년 한성 전기 회사가 세워졌다.

2. 다음은 개항 후 새로 생긴 직업을 나타내는 사진입니다.

❶ 직업 이름을 보고 직업과 관련된 사진과 물건을 연결해 보세요.

❷ 개항 후 어떤 직업이 더 생겼을까요?

  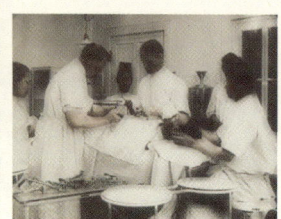  

| 의사와 간호사 | 전화 교환원 | 전차 운전사 | 배우와 영화감독 | 우체부 |

   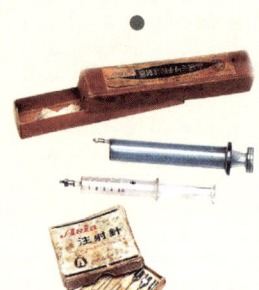 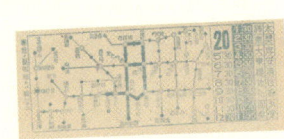

3 다음은 개항 이후 철도 부설을 나타낸 지도입니다.

❶ 경인선, 경부선, 경원선, 경의선을 각각 다른 색으로 따라 그리고, 어떤 나라가 그 이권을 가져갔는지 이야기해 보세요.

❷ 가장 먼저 놓인 철도는 경인선입니다. 왜 인천과 서울을 잇는 경인선을 가장 먼저 만들었을까요?

경의선 부설권
프랑스(1896)→일본(1904)

경원선 부설권
일본(1904)

경인선 부설권
미국(1896)→일본(1897)

경부선 부설권
일본(1898)

깊이 생각하기

1 개항 후 새로 들어온 문물 중에서 당시 사람들의 생활을 가장 크게 변화시킨 것은 무엇이라고 생각하는지 이유와 함께 써 보세요.

2 다음은 개항 후 조선의 주요 수출품과 수입품입니다. 이와 같은 무역이 계속되면 조선의 경제는 어떻게 될까요?

수출품	수입품
쌀, 콩, 금, 은, 철광석, 구리, 아연 등	면직물, 화장품, 차, 향신료, 의약품, 사치품 등

3 다음 지도에서 열강들이 가져간 이권은 어떤 것들이 있는지 살펴보고, 이처럼 산업의 소유권이 다른 나라에 있는 경우 어떤 문제가 생길지 자신의 생각을 이야기해 보세요.

생각 펼치기

 조선 시대 사람에게 요즘 물건을 설명하는 글쓰기

요즘 사람들이 자주 사용하는 물건 중에서 조선 시대 사람에게 소개하고 싶은 물건을 골라, 설명하는 글을 써 보세요.

⭐ 요즘 사람들이 자주 사용하는 물건을 10개 써 보세요.

⭐ 물건 중 하나를 선택하여 특징, 사용 방법을 간단하게 정리해 보세요.

물건 이름

특징

사용 방법

⭐ 정리한 내용을 바탕으로 설명하는 글을 써 보세요.

역사와 뒤놀기

종이컵 전화기 놀이하기

개항 후 조선에 들어온 새로운 물건의 이름으로 전화기 놀이를 해 보세요.

준비물
종이컵 2개, 털실(5m), 송곳, 색종이, 풀, 가위, 사인펜

방법
1. 설명에 따라 종이컵 전화기를 만드세요.
2. 개항 후 조선에 들어온 새로운 물건의 이름을 다섯 개씩 각자 써 보세요.
3. 가위, 바위, 보로 말할 사람과 들을 사람을 정하세요.
4. 말하는 사람이 10초 동안 물건의 이름을 이야기하면 듣는 사람은 물건의 이름을 받아쓰세요.
5. 순서를 바꾸어 해 보세요.
6. 물건의 이름을 맞게 썼는지 함께 확인해 보세요.

종이컵 전화기로 할 수 있는 다른 놀이도 함께 해 보세요.

종이컵 전화기 만드는 방법

① 색종이와 사인펜을 이용해 종이컵을 꾸며 보세요.

② 종이컵 2개의 밑면에 송곳으로 작은 구멍을 뚫으세요.

③ 종이컵 2개의 밑면을 마주 보게 놓고 털실로 연결하세요.

④ 털실의 양쪽 끝에 매듭을 묶으세요.

⑤ 종이컵에 묶인 실을 팽팽하게 하여 전화 놀이를 해 보세요.

역사 공감하기

내 나이는 약 600살이야. 600살까지는 정확히 기억했는데 그 뒤부터는 가물가물해. 나이를 너무 많이 먹은 탓인가 봐. 내 이름은 사정문이란다. 태조 이성계와 함께 조선을 세운 정도전 아저씨가 지어 준 이름이야. 그런데 내가 30살쯤 되었을 때, 그러니까 세종 대왕 시절, 집현전에서 일하는 사람들이 내 이름을 고쳐 주었어. 광화문이라고 말야.

나의 가장 친한 친구는 늘 곁을 지켜 주는 해태 두 마리야. 나는 세 개의 통로를 갖고 있어. 한가운데 통로가 임금이 드나드는 곳이지. 그곳을 드나든 임금의 모습이 언제나 멋진 건 아니었어. 임진년, 다급한 모습으로 도망치듯 떠난 선조의 뒷모습이 기억나. 그해, 나는 200살을 넘기지 못하고 불타 버렸어. 불길에 휩싸였을 때 얼마나 뜨거웠던지 숨을 쉴 수가 없었지.

흥선 대원군 할아버지를 만나지 못했다면 난 다시 살아나지 못했을 거야. 비록 400살이 훨씬 넘어서였지만 말이야. 내 모습은 예전처럼 늠름해졌고, 궁궐의 새 주인도 맞이했어. 내 눈앞에 펼쳐지는 모습도 예전과는 아주 달랐단다. 궁궐에는 전깃불이 들어왔고, 저만치 보이는 넓은 길에는 전차가 다녔어. 머리가 노랗고 눈이 파란 사람들이 자주 보였지. 군복 입은 일본인들은 더 자주 보였어.

어느 날 밤, 무언가를 알리는 듯 허공을 향해 총을 쏘는 일본인을 보았어. 왠지 기분이 좋지 않았는데 아니나 다를까, 왕비가 죽었다는 소식이 들렸어. 고종은 어디론가 황급히 떠났고, 난 빈집을 지켜야 했단다. 바삐 오가던 관리들의 가마 대신에 상투를 댕강 잘라 낸 어색한 머리에 양복 입고 지팡이 짚은 사람들과 일본인들이 자주 나타났어. 빈 경복궁. 혹시 저 일본인들이 이곳을 탐내는 건 아닐까 하는 걱정과 함께 불길한 예감이 밀려왔어. 예감이 맞았냐고? 차차 얘기해 줄게. 다만 내 뒤쪽에 조선 총독부 청사라는 흉측한 건물이 들어서고 나는 다른 곳으로 이사할 수밖에 없었다는 사실 정도만 알고 있으렴. 그땐 내 운명이 어쩌면 이렇게 비참할까 가슴을 쳤단다.

지금 내 앞에는 광장이 펼쳐져 있어. 가까이는 세종 대왕의 뒷모습이 보이고, 멀리는 이순신 장군의 늠름한 모습이 보여. 활기차게 거리를 걷는 사람들, 하늘을 가리는 높은 빌딩, 쉴 새 없이 달리는 자동차. 예전에는 상상도 할 수 없는 장면이야. 이따금씩 옛날의 육조 거리와 지붕을 맞대고 늘어선 기와집들이 그립기도 해.

사진 및 인용 자료

사진

국립고궁박물관 〈봉수당진찬도〉 018 앞댕기 활동 자료3 | 국립중앙박물관 《화성성역의궤》 013 〈벼 타작〉, 〈논갈이〉, 〈자리 짜기〉, 〈행상〉, 〈대장간〉, 〈주막〉 037 〈청풍계도〉,《금강산, 신묘년 풍악도첩》,〈꽃과 풀벌레〉,〈까치호랑이〉 047 〈현구고례〉 061 〈전라도무장현도〉,〈동대문외마장원전도〉 071 〈동국대전도〉 073 소지 088 팔주령 095 데니 태극기 134 〈정조의 현륭원 행차〉 활동 자료1 산수무늬 벽돌, 연가 7년명 금동 여래 입상 활동 자료5 | 국립민속박물관 그네, 써레, 무자위, 용두레, 오줌장군 038 〈문자도〉,〈모란과 석류〉 047 버선 061 되 084 카메라, 전화기, 주사기와 바늘 164 목화, 각대, 사모, 화관, 활옷, 수젓집, 꽃신, 관복, 용잠, 주칠함 활동 자료3 | 국립중앙도서관 《태교신기》 059 〈곡정필담〉 활동 자료12 | 서울역사박물관 양안 084 전차표 164 | 실학박물관 《산림경제》 026 | 서울대학교 규장각한국학연구원 〈화성전도〉 013 《신증동국여지승람》,《대동지지》 069 〈울릉도 외도〉,〈혼일강리역대국도지도〉 071 《청구도》 076 〈전주부지도〉 083 《수신사일기》,《환구일록》 117 | 성신여자대학교박물관 《대동여지도》 72 | 숭실대학교 한국기독교박물관 《훈민정음운해》 026 | 한국천주교순교자박물관 〈천주교 집회〉,〈복자 윤지충〉 096 | 독립기념관 사발통문 활동 자료5 | 고려대학교도서관 《삼의당고》 059 | 삼성미술관 리움 〈인왕제색도〉 047 | 순창군청 〈신경준 초상〉 활동 자료12 | 연합뉴스 《동사강목》 026 한·프 외규장각 도서 반환 합의, 의궤 반환 행사, 박병선 박사, 의궤 수송 활동 자료7 | 두피미디어 오광대놀이 048 대추, 포 활동 자료3 내아, 질청, 동헌, 객사 활동 자료4 | 아름다운 우리 멋, 옛날선물공방 오곡주머니 060 | 도서출판 책과함께 | 위키피디아 | 공유마당

인용

《국어국문학자료사전》, 한국사전연구사, 1998. 040

안대회,《정조의 비밀편지》, 문학동네, 2010. 020

최문형,《명성황후 시해의 진실을 밝힌다》, 지식산업사, 2006. 156

이사벨라 버드 비숍 지음, 이인화 옮김,《한국과 그 이웃 나라들》, 살림, 1994. 158

끌라르 보티에·이쁘리트 프랑뎅 지음, 김상희·김성언 옮김,《프랑스 외교관이 본 개화기 조선》, 태학사, 2002. 158

도서출판 책과함께는 이 책에 실은 모든 도판 자료의 출처와 저작권자를 찾아 허락을 받기 위해 최선을 다했습니다.
허가를 받지 못한 일부 도판은 저작권자가 확인되는 대로 사용 허가를 받고 일반적인 사용료를 지불하겠습니다.

《한국사 편지》와 《한국사 편지 생각책》 권별 차례

한국사 편지 1권
원시 사회부터 통일 신라와 발해까지

01 우리나라에는 언제부터 사람이 살았을까?
02 신석기 시대 사람들은 어떻게 살았을까?
03 청동기 시대와 최초의 나라, 고조선
04 고조선 사람들은 어떻게 살았을까?
05 고조선 다음에는 어떤 나라들이 있었을까?
06 삼국과 가야의 건국 이야기
07 동북아시아를 주름잡은 파워 고구려
08 세련된 문화의 나라, 백제
09 삼국 문화의 키워드, 불교
10 삼국 시대 사람들은 어떻게 살았을까?
11 신라는 어떻게 통일을 하였을까?
12 골품의 나라, 신라
13 신비의 나라, 발해

한국사 편지 2권
후삼국 시대부터 고려 시대까지

01 흔들리는 신라와 후삼국 시대
02 왕건과 후삼국 통일
03 문벌 귀족의 나라, 고려
04 거란과의 30년 전쟁
05 국제 무역항 벽란도와 코리아
06 불교의 나라, 고려
07 고려 사람들은 어떻게 살았을까?
08 무신들의 세상
09 왕후장상의 씨가 따로 있나?
10 농민과 천민들이 몽골과 싸우다
11 고려 사람들의 마음이 담긴 팔만대장경과 상감 청자
12 《삼국사기》와 《삼국유사》, 두 역사책에 담긴 서로 다른 뜻
13 공민왕의 개혁 정치
14 목화씨와 화약

한국사 편지 3권
조선 건국부터 조선 후기까지

01 조선은 어떻게 건국되었나?
02 새 도읍지 한양
03 세종이 한글을 만든 진짜 이유
04 관리를 어떻게 뽑았을까?
05 조선 시대 사람들은 어떻게 살았을까?
06 성리학의 나라, 조선
07 사림의 등장과 '사화'
08 조선 시대 사람들의 의식주
09 조선 시대의 신문과 책
10 조선의 3대 도적
11 임진왜란이 터지다
12 청나라의 침입, '호란'
13 당쟁은 왜 일어났을까?
14 울릉도와 독도를 지킨 안용복

한국사 편지 5권
대한제국부터 남북 화해 시대까지

01 나라를 빼앗기다
02 나라를 지키려는 몸부림
03 만주를 뒤흔든 구국의 총소리
04 이천만 동포여, 일어나거라
05 독립군의 두 별, 홍범도와 김좌진
06 방정환과 '어린이날'
07 관동대학살과 연해주 강제 이주
08 근대 역사학의 아버지 신채호
09 임시 정부의 밑거름이 된 이봉창과 윤봉길
10 세계를 놀라게 한 조선인들
11 끌려간 젊음과 비굴한 친일파
12 해방, 그러나 남북으로 갈린 나라
13 38선을 넘는 김구
14 민족을 둘로 가른 전쟁, 6·25
15 경제 성장의 빛과 그늘
16 민주주의를 위하여
17 통일을 위한 만남

스스로 생각하고 놀면서 공부하는 역사 워크북

한국사 편지 생각책 4

1판 1쇄 2015년 4월 30일
1판 10쇄 2023년 5월 10일

글 | 박은봉·김선주·김효정·윤영내·이미나·이진희·정현숙
그림 | 김중석

펴낸이 | 류종필
편집 | 박병익
마케팅 | 이건호
경영지원 | 김유리
디자인 | 권석연, 남경민

펴낸곳 | (주)도서출판 책과함께
　　　　주소 (04022) 서울시 마포구 동교로 70 소와소빌딩 2층
　　　　전화 (02) 335-1982
　　　　팩스 (02) 335-1316
　　　　전자우편 prpub@daum.net
　　　　블로그 blog.naver.com/prpub
　　　　등록 2003년 4월 3일 제2003-000392호

이 책의 저작권은 지은이 박은봉·김선주·김효정·윤영내·이미나·이진희·정현숙과 그린이 김중석, (주)도서출판 책과함께에 있습니다.
이 책의 내용을 이용하려면 저작권자와 출판사에게 모두 서면 동의를 받아야 합니다.
잘못된 책은 구입하신 서점에서 바꾸어 드립니다.

ISBN 979-11-86293-18-8 74900
ISBN 978-89-97735-34-1 (세트)

스스로 생각하고 놀면서 공부하는
역사 워크북 **4**

한국사 편지
생각책
활동 자료

가위와 색연필 등을 준비해 주세요.

[활동 자료1] 화성 행차 스티커 (1단원 생각 두 걸음) 1

[활동 자료2] 실학자 스티커 (2단원 생각 두 걸음) 1

[활동 자료3] 혼례 스티커 (5단원 생각 두 걸음) 1

[활동 자료4] 관아 건물 스티커 (7단원 생각 두 걸음) 2

[활동 자료5] 종교와 사상 스티커 (8단원 생각 두 걸음) 2

[활동 자료6] 동학 스티커 (8단원 생각 두 걸음) 2

[활동 자료7] 의궤 반환 스티커 (9단원 생각 펼치기) 2

[활동 자료8] 강화도 조약 스티커 (10단원 생각 두 걸음) 3

[활동 자료9] 말풍선 스티커 (10단원 생각 두 걸음) 3

[활동 자료10] 동학 농민 운동 스티커 (12단원 생각 두 걸음) 3

[활동 자료11] 정동 건물 스티커 (14단원 생각 두 걸음) 3

[활동 자료12] 실학자 카드 (2단원 역사와 뛰놀기) 4~5

[활동 자료13] 세금 OX 퀴즈 카드 (7단원 역사와 뛰놀기) 6~7

[활동 자료14] 종교 설명 (8단원 생각 펼치기, 역사와 뛰놀기) 8

[활동 자료15] 벌칙 카드 (10단원 역사와 뛰놀기) 8

[활동 자료16] 기사 쓰기 (9단원 생각 펼치기, 역사와 뛰놀기) 9

[활동 자료17] 태극기 밑그림 (11단원 역사와 뛰놀기) 10

[활동 자료18] 초상화 그리기 (13단원 역사와 뛰놀기) 11

[활동 자료1] 1단원 생각 두걸음 2번 문제 (생각책 014쪽)

화성 행차 스티커

수원향교

지지대 비

득중정어사도

배다리

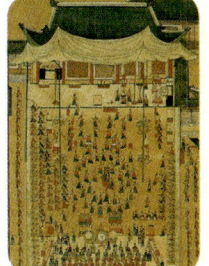
봉수당진찬도

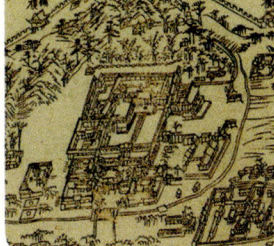
화성 행궁

현륭원(융릉)

[활동 자료2] 2단원 생각 두걸음 2번 문제 (생각책 026쪽)

실학자 스티커

이익

박제가

[활동 자료3] 5단원 생각 두걸음 2번 문제 (생각책 060~061쪽)

혼례 스티커

목화

각대

꽃신

관복

포

수젓집

도투락댕기

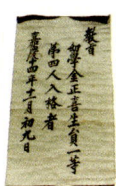
혼서지

구절판

대추

사모

활옷

화관

함

앞댕기

반짇고리

청홍 치맛감

[활동 자료4] 7단원 생각두걸음 1번 문제 (생각책 083쪽)
관아 건물 스티커

[활동 자료5] 8단원 생각두걸음 1번 문제 (생각책 095쪽)
종교와 사상 스티커

영주 소수 서원

고창 선운사

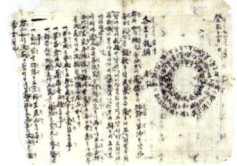
사발통문

이화 학당

산수 무늬 벽돌

연가 7년명 금동 여래 입상

마테오 리치

전주 전동성당

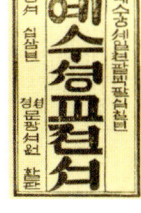
《예수성교전셔》

《동경대전》

[활동 자료6] 8단원 생각두걸음 3번 문제 (생각책 097쪽)
동학 스티커

최제우

용담정

[활동 자료7] 9단원 생각 펼치기 (생각책 109쪽) 의궤 반환 스티커

외규장각 특별 전시

한·프 외규장각 도서 반환 합의

의궤 반환 행사

《장렬 왕후 존숭 도감 의궤》

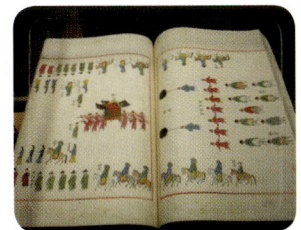
《영조 정순 왕후 가례 도감》

박병선 박사

의궤 수송

강화 유수부 앞에서 행진하는 프랑스군

[활동 자료8] 10단원 생각 두걸음 1번 문제 (생각책 115쪽)

강화도 조약 스티커

강화도 조약 체결

연무당

신헌

부산항

초지진

구로다 기요타카

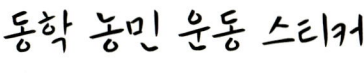
운요호

[활동 자료9] 10단원 생각 두걸음 3번 문제 (생각책 117쪽)

말풍선 스티커

러시아 황제의 대관식에 따라 갔다가 러시아, 미국, 중국, 일본, 유럽을 들러보고 썼지.

내가 수신사로 일본에 가서 일본의 문물을 기록한 일기야.

서양의 역사, 생활모습, 정치, 교육 등 개화에 관한 내용을 기록한 기행문이야.

[활동 자료10] 12단원 생각 두걸음 1번 문제 (생각책 139쪽)

동학 농민 운동 스티커

개틀링건

전주 풍남문

전봉준 압송

장태

사발통문

[활동 자료11] 14단원 생각 두걸음 1번 문제 (생각책 163쪽)

정동 건물 스티커

석조전

원각사

전봇대

중명전

러시아 공사관

전차

손탁호텔

정동교회

배재학당

[활동 자료12] 2단원 역사와 뛰놀기 실학자 카드 게임하기 (생각책 032쪽)

실학자 카드

실학자 카드

이익

실학자 카드

《성호사설》

실학자 카드
재물이란 하늘이 내리는 것이 아니라 백성의 피와 땀에서 나오는 것이다. 백성이 부유하면 나라도 따라서 부유해진다.

실학자 카드

이익의 사당과 묘

실학자 카드

박지원

실학자 카드
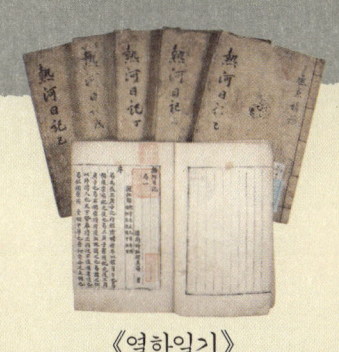
《열하일기》

실학자 카드

신경준

실학자 카드
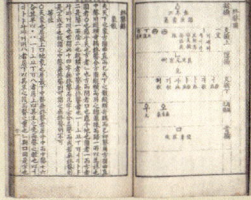
《훈민정음운해》

실학자 카드

정약용

실학자 카드

《목민심서》

실학자 카드
수령이 백성을 위해 있는 것이지, 백성이 수령을 위해 생긴 것은 아니다.

실학자 카드

다산 초당

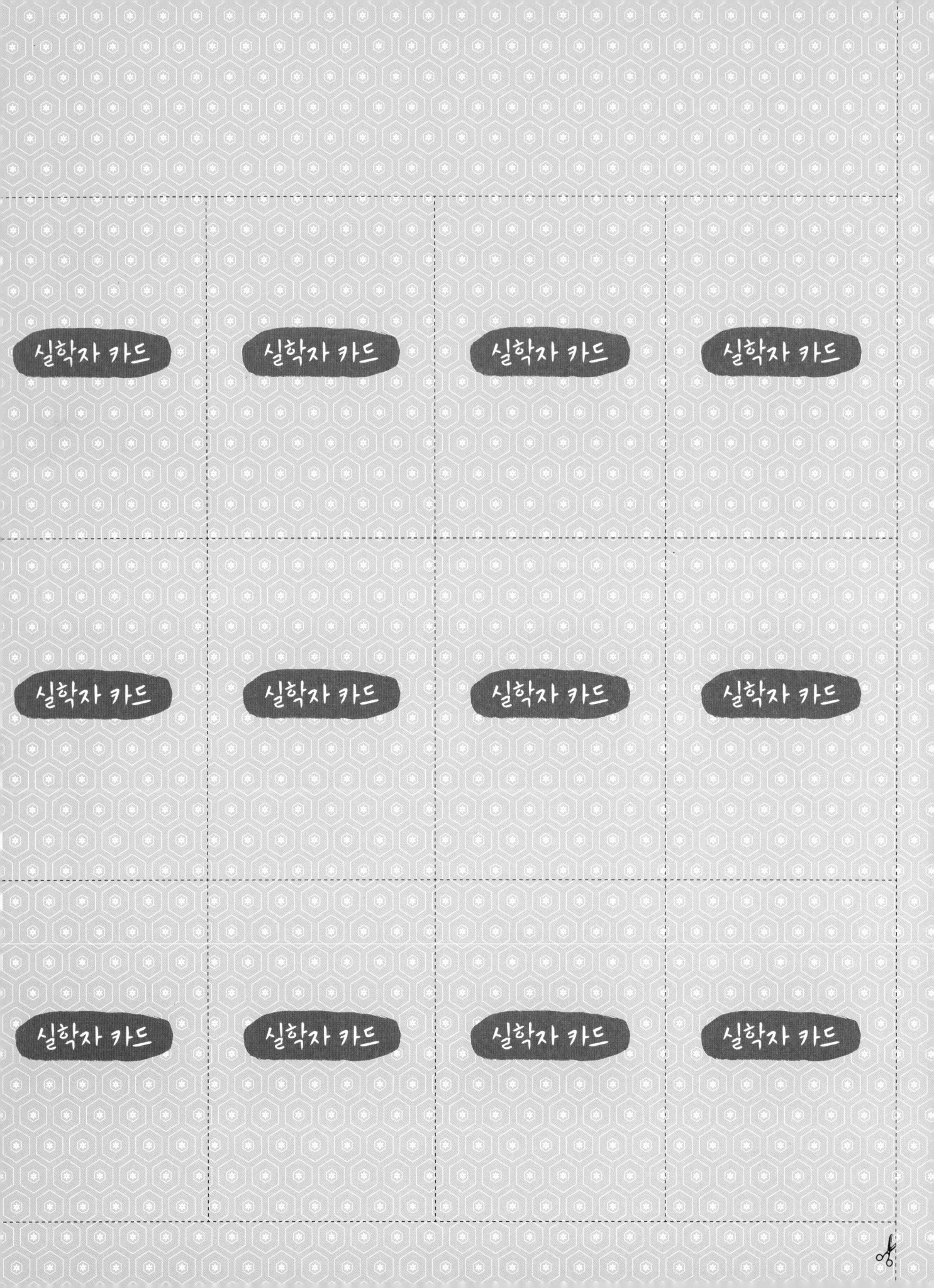

[활동 자료12] 2단원 역사와 뛰놀기 실학자 카드 게임하기 (생각책 032쪽)

실학자 카드

실학자 카드

홍대용

실학자 카드
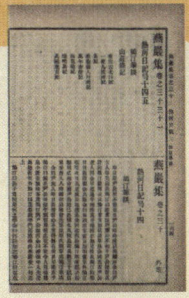
〈곡정필담〉

실학자 카드
지구는 둥글고
스스로 돈다

실학자 카드

혼천의

실학자 카드

박제가

실학자 카드

《북학의》

실학자 카드

김정호

실학자 카드
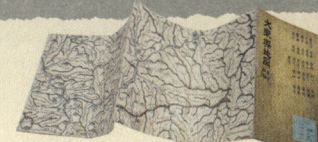
《대동여지도》

실학자 카드

유형원

실학자 카드

《반계수록》

실학자 카드
나라 안의 모든 토지를
일단 나라의 소유로
만든 다음, 다시
농민들에게 골고루
나누어 주어야 한다.

실학자 카드

반계서당

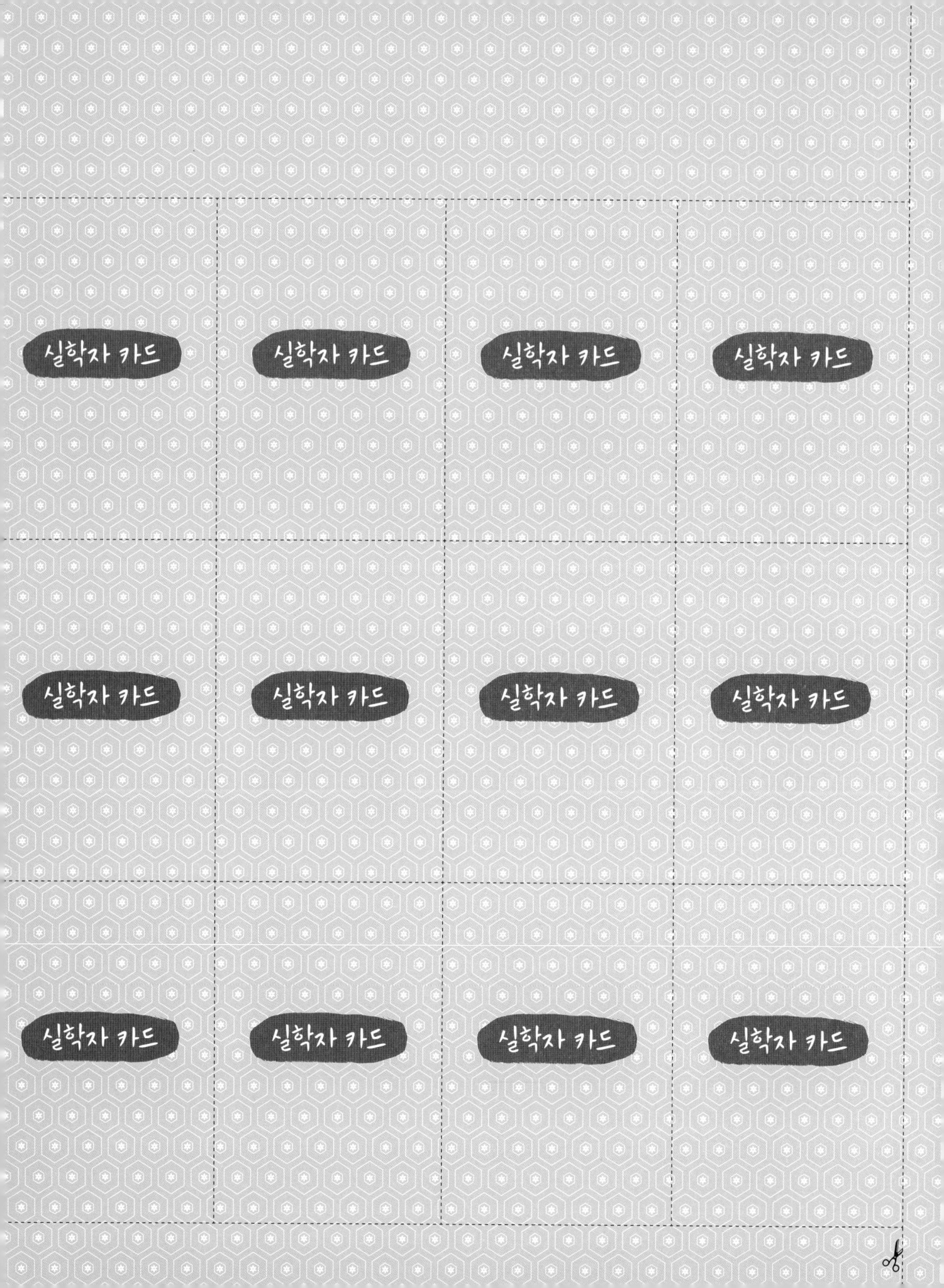

[활동 자료13] 7단원 역사와 뛰놀기 깃발 놀이를 통해 세금 알아보기 (생각책 090쪽)

세금 OX 퀴즈 카드

세금 OX 퀴즈 01
조선 후기 농민들이 내야 했던 세 가지 세금은 토지세, 군포, 환곡이다.
O X

세금 OX 퀴즈 02
콜라에는 부가가치세가 있다.
O X

세금 OX 퀴즈 03
공중전화 요금에는 부가가치세가 있다.
O X

세금 OX 퀴즈 04
군포는 5세부터 70세까지의 양인 남자가 냈던 세금이다.
O X

세금 OX 퀴즈 05
현대의 농산물에는 부가가치세가 있다.
O X

세금 OX 퀴즈 06
박물관 입장료에는 부가가치세가 있다.
O X

세금 OX 퀴즈 07
가정용 연탄에는 부가가치세가 있다.
O X

세금 OX 퀴즈 08
조선 시대에 여러 지방의 세금을 배로 실어 한양으로 나르는 일을 조운이라고 했다.
O X

세금 OX 퀴즈 09
현대의 책에는 부가가치세가 있다.
O X

세금 OX 퀴즈 10
조선 후기에 '삼정이정청'이 설치되어 삼정의 문제점을 완전히 해결해 주었다.
O X

세금 OX 퀴즈 11
조선 후기에는 논에만 토지세가 붙는다.
O X

세금 OX 퀴즈 12
신문에는 부가가치세가 있다.
O X

★ 부가가치세는 2014년 기준

세금 OX 퀴즈	세금 OX 퀴즈	세금 OX 퀴즈	세금 OX 퀴즈
세금 OX 퀴즈	세금 OX 퀴즈	세금 OX 퀴즈	세금 OX 퀴즈
세금 OX 퀴즈	세금 OX 퀴즈	세금 OX 퀴즈	세금 OX 퀴즈

[활동 자료13] 7단원 역사와 뛰놀기 깃발 놀이를 통해 세금 알아보기 (생각책 090쪽)

세금 OX 퀴즈 카드

세금 OX 퀴즈 13

동물원 입장료에는 부가가치세가 있다.
O X

세금 OX 퀴즈 14

조선 후기에 세금은 상평통보로만 냈다.
O X

세금 OX 퀴즈 15

비행기에는 부가가치세가 있다.
O X

세금 OX 퀴즈 16

현대의 수산물에는 부가가치세가 있다.
O X

세금 OX 퀴즈 17

조선 후기에 양반과 농민은 똑같이 세금을 냈다.
O X

세금 OX 퀴즈 18

수도 요금에는 부가가치세가 있다.
O X

세금 OX 퀴즈 19

라면에는 부가가치세가 있다.
O X

세금 OX 퀴즈 20

환곡은 식량이 떨어진 봄철에 농민들에게 쌀을 꾸어 주었다가 추수한 다음에 이자를 붙여 돌려받는 것이다.
O X

세금 OX 퀴즈 21

가공 식품으로 만들어진 축산물에는 부가가치세가 있다.
O X

세금 OX 퀴즈 22

연필과 지우개에는 부가가치세가 있다.
O X

세금 OX 퀴즈 23

세도 정치 시기에는 농민들이 부담해야 하는 세금이 줄어들었다.
O X

세금 OX 퀴즈 24

일반 버스 요금에는 부가가치세가 있다.
O X

★부가가치세는 2014년 기준

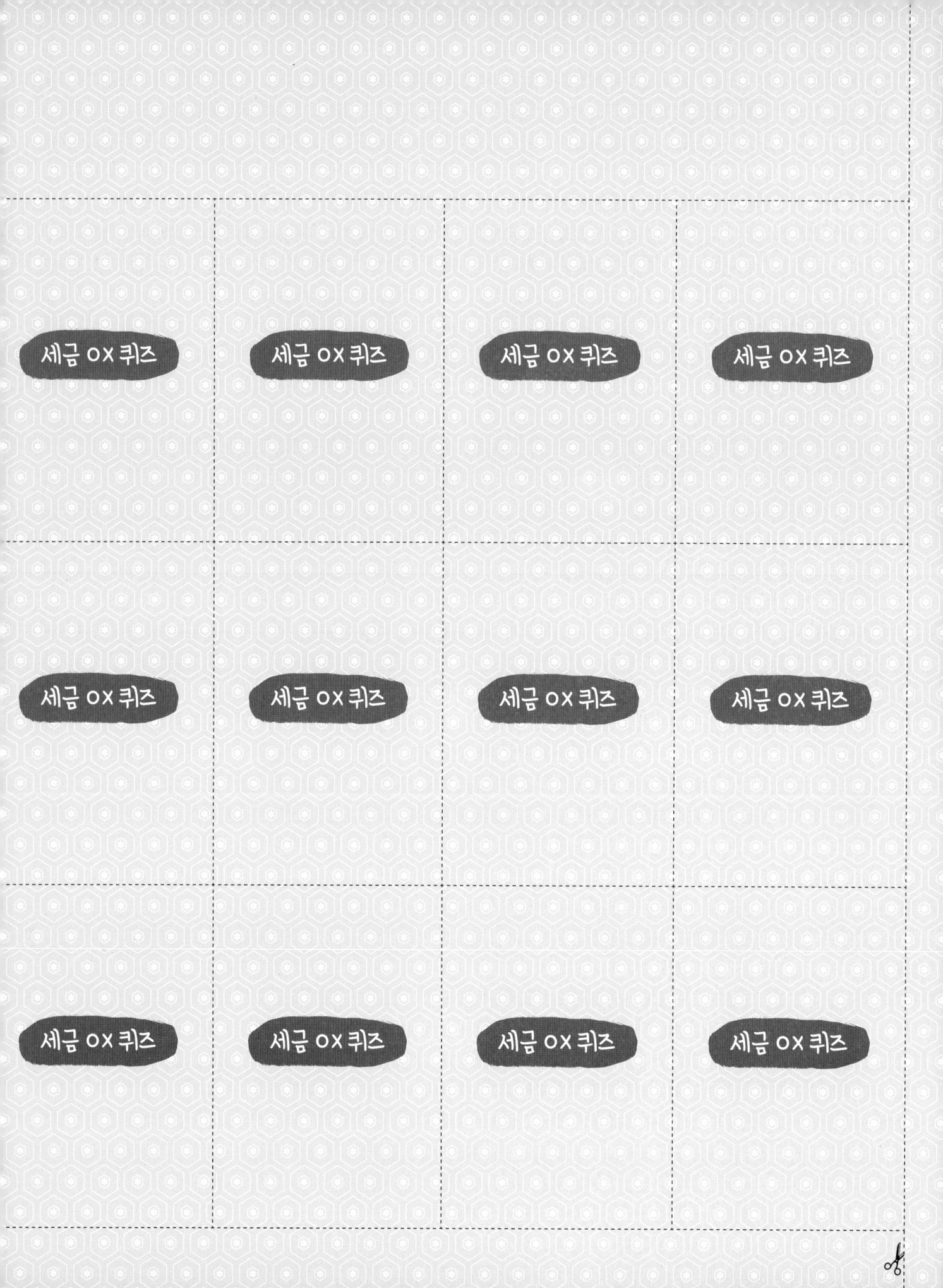

[활동 자료14] 8단원 생각 펼치기   역사와 뛰놀기   세계 종교 책 만들기 (생각책 099~100쪽)

종교 설명

책 제목

지은이

종교 이름

종교 이름

종교 이름

종교 이름

종교 이름

종교 이름

[활동 자료15] 10단원 역사와 뛰놀기
조약 이름 맞히기 게임 (생각책 122쪽)

벌칙 카드

벌칙

벌칙

[활동 자료16] 9단원 생각 펼치기 역사와 뛰놀기 외규장각 의궤 신문 만들기 (생각책 109~110쪽)

기사 쓰기

기사 제목

기사 내용

사진
기사에 어울리는 사진을 [활동 자료7]에서 골라 붙이세요.

기사 제목

기사 내용

사진
기사에 어울리는 사진을 [활동 자료7]에서 골라 붙이세요.

기사 제목

기사 내용

사진
기사에 어울리는 사진을 [활동 자료7]에서 골라 붙이세요.

기사 제목

기사 내용

사진
기사에 어울리는 사진을 [활동 자료7]에서 골라 붙이세요.

[**활동 자료17**] 11단원 **역사와 뛰놀기** 태극기 만들기 (생각책 134쪽)

태극기 밑그림

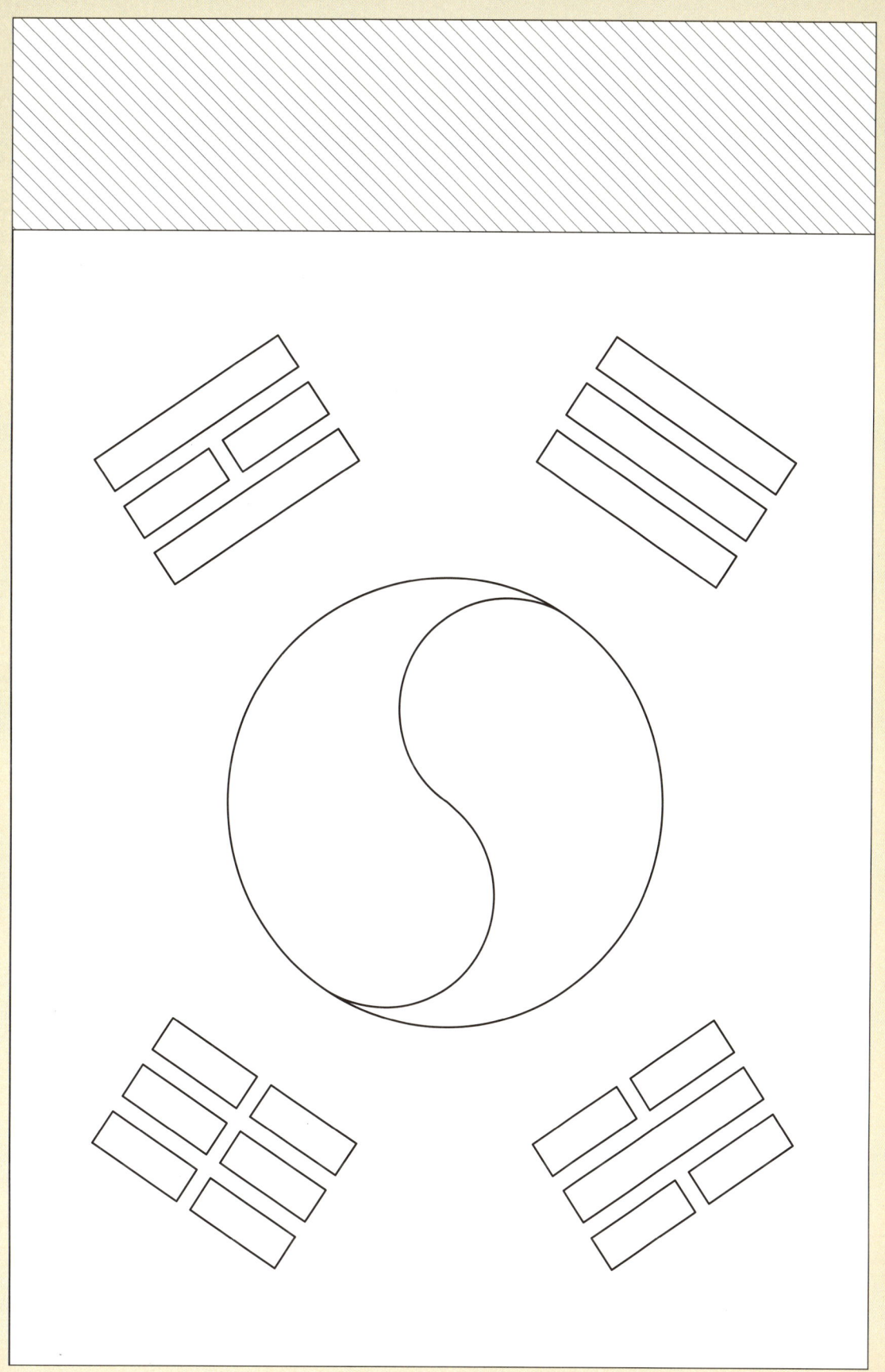

10

01 | 1776년 정조와 화성 신도시 건설

학습 목표
1. 수원 화성을 알아본다.
2. 정조의 정책을 알아본다.
3. 수원 화성에 가서 미션을 수행해 본다.

생각 한 걸음
생각책 **012**쪽

1 정조 (한국사 편지 4권 11쪽 참고)
2 배다리 (한국사 편지 4권 13쪽 참고)
3 화성 (한국사 편지 4권 20쪽 참고)
4 규장각 (한국사 편지 4권 19쪽 참고)
5 장용영 (한국사 편지 4권 19쪽 참고)
6 몇몇 유력한 집안이 정치를 뒤흔드는 것 (한국사 편지 4권 23쪽 참고)

생각 두 걸음
생각책 **013~015**쪽

[😊🧒] 표시는 이 책으로 공부한 어린이들이 실제로 쓴 답안 중에서 적절한 것을 골라 실은 것입니다. 만약 지금 문제를 풀고 있는 어린이가 다소 다른 대답을 하더라도 문항의 핵심을 충분히 이해했다면 어린이의 다양한 생각을 존중해 주세요.

1 ❶❷

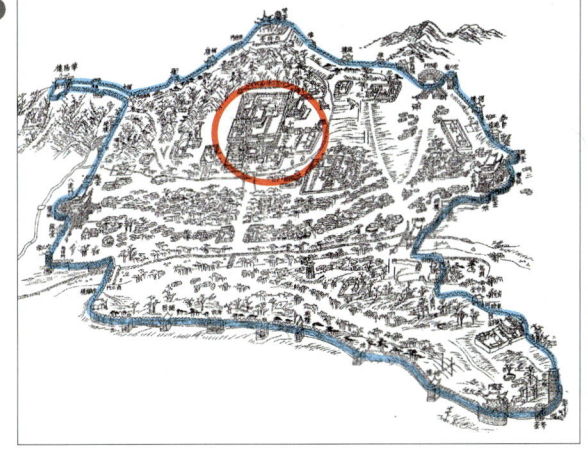

😊 정조가 화성에 갔을 때 머물 궁이 필요했기 때문에 행궁을 지었다.

❸

거중기　발차　서장대　돌날고
봉돈　포루　녹로　서북공심돈

😊 군사들은 포루에 대포를 설치하여 적의 공격에 대비하고, 봉돈에서는 봉화로 멀리 있는 군사들에게 위험한 상황을 알렸을 것이다. 서장대와 서북공심돈은 높이 올라가서 주변을 살피는 곳 같다.

😊 거중기와 녹로는 무거운 돌이나 벽돌을 들어 올릴 때 사용했을 것이다. 발차는 바퀴가 있는 것이 수레 같다. 돌달고는 돌을 부수는 데 사용했을 것 같다.

이름	실제 용도
공심돈	적이 오는지 살피고, 적이 오면 방어하는 시설로 사용.
장대	군사들을 지휘하는 곳. 성 전체가 한눈에 보이는 곳에 있다.
봉돈	낮에는 연기, 밤에는 불을 피워서 적의 공격을 알릴 때 사용.
포루	화포를 감춰 두고 발사하던 공격 시설.
거중기	도르래의 원리를 이용해 무거운 물건을 들어 올릴 때 사용.
녹로	도르래의 원리를 이용해 무거운 물건을 들어 올릴 때 사용.
발차	소 한 마리가 끌며 목재, 벽돌, 흙 등을 나를 때 사용.
돌달고	집터를 평평하게 고르는 데 사용.

2 ❶

첫째 날	배다리	다섯째 날	봉수당진찬도
둘째 날	화성 행궁	여섯째 날	득중정어사도
셋째 날	수원향교	일곱째, 여덟째 날	지지대 비
넷째 날	현륭원(융릉)		

002

3 ❶ 😀 당시 병사들은 칼, 창을 다루는 기술, 말을 타고 싸우는 기술, 격구, 가까이서 싸우는 기술 등을 익혔다는 것을 알 수 있다.
  👦 병사들이 사용했던 무기의 형태와 종류, 병사들의 옷차림을 알 수 있다.
  ❷ 👧 무예 동작을 그림으로 남겨서 체계적으로 정리하여 훈련에 도움이 되게 하려고 만들었다.
  👦 병사들을 열심히 훈련시켜서 나라의 힘을 강하게 만들기 위해서이다.

깊이 생각하기
생각책 **016~107**쪽

1 😀 서양 기술을 응용한 것이 가장 큰 특징이다. 거중기나 녹로 같은 서양 기술을 이용하여 화성을 더 쉽고 빠르고 튼튼하게 지을 수 있었기 때문이다. 또 그만큼 백성들의 힘도 덜 들었을 것이다.
  👧 철저한 관리와 공사 실명제이다. 화성을 만들 때 모든 계획, 자금 등을 철저히 관리하고 공사 책임자와 참여자들을 관리했기 때문에 참여한 사람들이 책임감을 갖고 일을 할 수 있었다. 그래서 더 멋있는 성을 지을 수 있었다.
  👦 품삯 지급이다. 이전에는 나라에서 큰 공사를 할 때 백성들은 당연히 나와서 무료로 일을 해야 했다. 그런데 화성을 지을 때에는 참여한 백성들에게 품삯을 주었기 때문에 백성들도 덜 힘들고 더 열심히 일할 수 있었을 것이다. 또 그렇게 품삯을 주는 왕이 고마워서 성을 더 잘 만들고 싶었을 것이다.

2 😀 왕권을 강화하기 위해서이다. 젊은 관리들과 군대를 키워 자신을 지지할 세력을 키우고, 백성들의 소리를 직접 들어 왕의 권위를 높이려고 했기 때문이다.
  😀 당쟁을 끝내기 위해서이다. 오랜 당쟁으로 왕권도 약해졌고 백성들도 살기 어려웠는데 이를 해결하기 위해 규장각, 장용영을 설치하고 격쟁이나 상언, 형벌 제도를 개혁한 것이다.
  👧 백성들이 살기 좋은 세상을 만들기 위해서이다. 서얼도 등용한 것을 보면 백성들이 편안히 잘 살 수 있는 나라를 만들려고 한 것

같다. 또 백성에게 생긴 문제들을 직접 듣고 해결하려고 노력했고, 백성들이 자유롭게 물건을 사고팔아서 잘 살 수 있는 나라를 만들고 싶었던 것 같다.

3 👦 세도가들이 더 많은 권력을 잡기 위해서이다. 정조의 개혁 정치는 왕권을 강화하고 세도가들의 힘을 약화시키는 것이었다. 따라서 세도가들은 정조가 죽자 정조의 개혁 정치로 인해 빼앗긴 자신들의 권력과 재산을 되찾기 위해 정조의 개혁 정치를 모두 없앴다.
👧 어린 순조가 왕이 되어 자기들 마음대로 할 수 있었기 때문이다. 정조는 백성들의 편에서 정치를 하려고 한 왕이었기 때문에 정조가 있던 시절에는 신하들이 자기들 마음대로 하기 힘들었다. 그런데 어린 순조가 왕이 되어 정순 왕후가 수렴청정을 하게 되니 자기들 마음대로 정치를 할 수 있게 되었기 때문에 정조의 개혁을 뒤집고 자신들이 유리한 쪽으로 정치를 했다.

생각 펼치기
생각책 018~019쪽

이 책으로 공부한 어린이들의 실제 답안을 그대로 실었습니다. 어린이들의 다양한 생각과 관심을 파악할 수 있을 것입니다.

가장 위쪽의 하얗고 큰 천막 아래에는 왕과 혜경궁 홍씨가 앉을 곳이 그려져 있는데 사람은 그리지 않고 자리만 그려 놓았다. 잔치하는 곳의 가장 크고 가운데 있는 곳에는 조금 높은 관리들이 모여 있는 것 같다. 잔치하는 곳에서는 춤추는 여자들이 화려한 옷을 입고 춤을 추고 있다. 춤추는 여자들 가운데에는 배가 하나 있는데 배 안에는 사람이 한명 들어가서 악기를 연주하고 있는 것 같다. 춤추는 쪽 아래에는 악기를 연주하는 사람들이 보인다. 악기 중에는 북도 있는데 북에 그려져 있는 문양은 우리나라 국기의 태극 문양과 비슷하다. 왼쪽 담 아래에는 혜경궁 홍씨가 타고 온 가마가 있고 무인들이 이 가마를 지키고 있다. 담장 밖에는 들어오지 못한 낮은 관직의 관리들과 무인들이 음악 소리를 듣고 있는 것 같다.

[일월초5 김선우]

우선 임금이 맨 위에 혜경궁 홍씨와 함께 앉아 있다. 하지만 그림으로 그려지진 않고 자리만 있다. 위에는 햇빛을 가리는 커다란 하얀 천막이 쳐 있고, 옆에는 시녀 7명이 있고, 오른쪽에는 음식들이 있다. 가운데에는 춤추는 여자들이 멋진 옷을 입고 춤을 추고 있다. 그 옆에는 여러 관리들과 군사들이 상을 하나씩 받고 음악 소리를 들으며 즐겁게 놀고 있다. 그리 화려하진 않지만 정겹고 신나 보인다. 춤을 추는 모습이 멋있는지 모두 입을 쩍 벌리고 덩실덩실 추는 춤을 바라보고 있다. 담 밖에는 군사들이 줄지어 지키고 있는데 오른쪽에는 군사 20명이 서 있고, 왼쪽에는 혜경궁 홍씨의 청색 가마를 군사 27명 정도가 지키고 있다. 들리지는 않지만 노랫소리, 음악 소리도 멋질 것 같다. 우리 임금은 참으로 대단한 효자인 것 같다. 혜경궁 홍씨는 기분이 어땠을까?

[일월초5 이현아]

02 실학자들의 꿈 1780년

학습 목표
1. 실학사상이 일어나게 된 배경을 알아본다.
2. 주요 실학자와 사상을 알아본다.
3. 카드 게임을 하며 실학자들에 대한 내용을 정리해 본다.

1 실학자 (한국사 편지 4권 28쪽 참고)
2 《반계수록》 (한국사 편지 4권 32쪽 참고)
3 북학 (한국사 편지 4권 35쪽 참고)
4 박지원 (한국사 편지 4권 36쪽 참고)
5 《경세유표》 국가 제도를 바로잡는 방법, 《목민심서》 수령이 고을

생각 한 걸음
생각책 **024**쪽

을 잘 다스리는 방법, 《흠흠신서》 형벌을 공정하게 처리하는 방법

(한국사 편지 4권 41쪽 참고)

6 이익 (한국사 편지 4권 42~43쪽 참고)

생각 두 걸음
생각책 025~027쪽

[😄👧] 표시는 이 책으로 공부한 어린이들이 실제로 쓴 답안 중에서 적절한 것을 골라 실은 것입니다. 만약 지금 문제를 풀고 있는 어린이가 다소 다른 대답을 하더라도 문항의 핵심을 충분히 이해했다면 어린이의 다양한 생각을 존중해 주세요.

1 ❶❷❸

❹ 박제가, 정약용, 정약전

2 ❶ ㉠  박제가   ㉡  이익

❷ 😄👧

유형원: 나라 안의 모든 토지를 일단 나라의 소유로 만든 다음, 다시 농민들에게 골고루 나눠 주자.

홍대용: 지구는 둥글다. 지구는 스스로 돈다.

❸ 😄 국어 연구, 백과사전, 동식물학, 역사, 과학, 의학 등 다양한 분야의 책이 있다.

❹ 👧 조선을 발전시키고, 백성이 잘 살기 위해서는 실용적인 여러 학문이 필요하다고 생각했기 때문이다.

3 ❶

❷ 황제가 70번째 생일을 피서지인 열하에서 맞았기 때문에 축하해 주려고 갔다.

❸ 청나라의 발전된 모습을 보고 부러웠을 것이다.

조선과 청나라를 비교하면서 조선이 발전하기를 바랐을 것이다.

조선에서 끌려간 사람들을 보면서 안타깝고 속상했을 것이다.

깊이 생각하기
생각책 028~029쪽

1. 전쟁 때문에 힘든 백성들의 생활에 도움을 줄 수 있는 학문과 기술이 필요해서 실학자와 실학사상이 나타나게 되었다.

외국에 다녀온 사람들 중 외국에서 본 발전된 문화와 과학 기술을 이용해서 백성들이 더 잘 살 수 있는 세상을 만들어야겠다고 생각한 사람도 있었다. 그들의 영향을 받아서 실학사상과 실학자가 나오게 되었다.

명분을 중요하게 생각하는 성리학은 나라를 잘 살게 하는 데 큰 도움이 되지 않는다고 생각한 것 같다. 토지 제도의 개혁과 농사 기술의 발달이 더 도움 되는 학문이라고 생각해서 실학이 등장했다고 생각한다.

2. 반대: 청나라와 서양의 문물을 받아들이는 것에 반대한다. 청나라는 오랑캐의 나라이다. 명나라는 왜란 때 우리를 구원해 준 은인이니, 명나라를 멸망시킨 청나라는 조선의 원수나 다름없는 나라이다. 청나라의 문물을 받아들이는 것은 명나라에 대한 배신이

다. 또한 서양 문물을 받아들이면 서학도 함께 들어오게 된다. 서학에서는 조상에게 제사를 지내지 않고, 모든 백성이 평등하다고 한다. 이것은 성리학에 어긋나는 생각이며, 조선의 제도를 부정하는 것이다. 이런 문물이 들어오면 조선은 도덕이 사라지는 나라가 될 것이다.

👦 찬성: 청나라와 서양 문물을 받아들여야 한다. 청나라를 오랑캐 나라라고 욕하지만 실제로 청나라에 가 보면, 조선에 비해 엄청나게 발전한 모습을 볼 수 있다. 상업, 과학 등 조선이 천시하던 학문이 발전했고, 백성들도 잘살고 있다. 서양도 과학이 매우 발전했고, 특히 천문학은 농사에 큰 도움이 될 것이다. 실제로 백성이 잘 살 수 있는 법을 배우고 받아들여야 한다.

3. 👧 토지 제도를 개혁해야 한다고 생각한다. 소수의 양반은 많은 땅을 가지고 있다. 그리고 대부분 백성은 그 땅을 빌려서 농사를 짓고 있다. 그로 인해 백성들이 살기 힘들기 때문에 백성들도 자기 땅을 가질 수 있도록 제도를 개혁해야 한다.

👦 수령이 고을을 잘 다스리는 것이 가장 중요하다. 관리들이 부정부패를 저지르는 것을 감시하고, 양반들이 백성들에게 횡포를 부리는 것을 잘 감시하면 백성들은 살기 편해지기 때문이다.

👧 청의 문물을 받아들여 과학 기술을 발전시켜야 한다고 생각한다. 농사를 지을 때, 집을 짓거나 성을 쌓을 때 새로운 도구를 사용하면 훨씬 일이 수월해진다. 남는 시간에 다른 일을 할 수도 있고, 농산물을 더 많이 수확할 수도 있다. 그러면 자연히 백성들은 잘 살 수 있기 때문이다.

👦 상업을 장려하고 수레, 선박, 화폐를 이용해야 한다. 배나 수레를 이용해 좋은 물건들을 운반하고, 화폐를 이용해 편하게 물건을 사고팔면, 농사를 짓는 백성도 물건을 파는 사람도 잘살게 될 것이다.

생각 펼치기

제목: 조선 최고의 실학자, 정약용

정약용은 1762년 경기도 광주(지금의 경기도 남양주시)에서 진주목사인 아버지 정재원과 어머니 해남 윤씨 사이에서 5형제 중 막내로 태어났다. 정약용의 아버지가 지방 관리라 정약용과 가족들은 어려서부터 전국 여러 곳을 옮겨 다니며 생활했다.

정약용은 16세에 서울로 올라와서 이승훈, 이가환 아래에서 공부를 했다. 그리고 1789년 정조 13년에 문과에 합격했다. 그 후 정약용은 정조의 사랑을 받으며 여러 관직을 거쳤다. 정약용의 업적 중 가장 높이 평가할 만한 것은 그의 생각이 담긴 책들이다.

정약용은 정조가 죽은 후 1801년 정순 왕후로 인해 전라도 강진으로 유배를 가게 되었다. 유배 기간 동안 정약용은 정치, 경제, 지리, 역사, 문학 등에 관한 책 500여 권을 썼다. 그중에 《흠흠신서》, 《목민심서》, 《경세유표》가 가장 대표적인 책이다. 한 분야에 대한 책 한권을 쓰기도 어려운데, 여러 분야에서 수천 권의 책을 쓴 정약용의 지식과 생각은 지금도 칭찬받아 마땅하다. 정약용이 이렇게 다양한 분야에 관심을 갖고 책을 쓸 수 있었던 것은 어린 시절 아버지를 따라 여러 마을을 다니며 보고 들은 것과 암행어사로 활동하면서 알게 된 백성들의 생활이 그 밑바탕이 되었기 때문이라고 생각한다.

[일월초5 강예린]

생각책 030~031쪽

이 책으로 공부한 어린이들의 실제 답안을 그대로 실었습니다. 어린이들의 다양한 생각과 관심을 파악할 수 있을 것입니다.

03 변화하는 농촌과 시장
1791년

학습 목표
1. 조선 후기 농업의 변화를 알아본다.
2. 조선 후기 상업의 변화를 알아본다.
3. 조선 후기 시장에서 숨은 그림을 찾아본다.

생각 한 걸음
생각책 **036**쪽

1 모내기 (한국사 편지 4권 47쪽 참고)
2 두레 (한국사 편지 4권 48쪽 참고)
3 같은 논에서 1년에 두 번 농사를 짓는 것이다. (한국사 편지 4권 48쪽 참고)
4 골뿌림법(견종법) (한국사 편지 4권 53쪽 참고)
5 장돌뱅이 (한국사 편지 4권 56쪽 참고)
6 금난전권 (한국사 편지 4권 58쪽 참고)

생각 두 걸음
생각책 **037~038**쪽

[😊 🙂] 표시는 이 책으로 공부한 어린이들이 실제로 쓴 답안 중에서 적절한 것을 골라 실은 것입니다. 만약 지금 문제를 풀고 있는 어린이가 다소 다른 대답을 하더라도 문항의 핵심을 충분히 이해했다면 어린이의 다양한 생각을 존중해 주세요.

1 ❶ 😊

㉠올해도 풍년이구나.　㉡워~워~ 힘내라 힘!
㉢우리는 열일, 너는 열공　㉣이고 지고　㉤탕! 탕! 두드리네.
㉥오늘 밥값은 외상이네.

❷ 🙂

 농민들은 수확한 벼를 열심히 털고 있는데 땅주인인 양반은 편안하게 누워 담배를 피우며 농민들이 열심히 일하는지 감독하고 있다.

 시장에 물건을 팔러 온 부부가 어디에 자리를 잡아야 물건이 많이 팔릴지 의논하고 있다.

 농부 두 명은 쇠스랑으로 논을 갈고 있고, 농부 한 명은 쟁기를 이용하여 논을 갈고 있다.

 방에서 어머니는 물레로 실을 뽑고, 아버지는 자리를 짜고 있다. 아이는 옆에서 열심히 책을 읽고 있다.

2 ❶

이름	실제 쓰임새
그네	볏대를 날과 날 사이에 넣고 훑어 낟알을 떨어뜨린다.
써레	갈아 놓은 논이나 밭의 흙덩이를 바수거나 바닥을 판판하게 한다.
무자위	낮은 곳의 물을 높은 지대의 논·밭으로 끌어올리는 기구로, 날개판을 두 발로 번갈아 밟아 바퀴가 돌면 퍼 올린 물이 논밭으로 흘러들어 간다.

저수지	물을 저장해 놓았다가 가뭄이 들면 물을 끌어다 논에 채운다.
용두레	낮은 곳에서 높은 곳으로 물을 퍼 올린다. 손잡이를 올려 홈통에 물을 담은 뒤 손잡이를 낮추어 쏟아붓는다.
오줌장군	오줌과 똥 같은 거름을 담아 논과 밭으로 옮긴다.

❷ 👦 모내기법을 이용한 농사에는 물이 꼭 필요했기 때문이다.

깊이 생각하기
생각책 **039**쪽

1 👦 모내기로 김매는 횟수가 줄어 힘이 덜 들고, 이모작을 할 수 있게 되어 먹을 곡식이 많아졌다.
👧 농사에 필요한 저수지나 거름을 만들어야 해서 할 일이 더 많아졌다.
👦 같은 노동력으로 넓은 땅을 농사지을 수 있게 되어 부유한 농민이 생겼다.

2 👦 전국 방방곡곡의 5일장에서 상품 작물인 담배, 채소, 면화 등이 많이 팔렸고, 여러 시장을 돌며 물건을 파는 보부상 때문에 새로운 교통로가 생겨났기 때문이다.
👦 금난전권이 폐지되면서 시전을 거쳐 물건을 팔지 않게 되어 물건 값이 싸졌고, 집에서 만든 물건이나 채소 등을 자유롭게 팔 수 있게 되어 난전이 많아졌기 때문이다.
👧 여러 지역의 5일장에서 서로 다른 도량형을 사용할 때는 불편하기도 했고 다투는 일도 많았는데 도량형이 통일되면서 서로 믿고 물건을 사고팔 수 있게 되었기 때문이다.
👦 5일장에서 물건을 거래할 때 쌀보다 가볍고 편리한 상평통보를 이용했기 때문이다.

3 👦 그전에는 신분이 높아야만 부자가 될 수 있다고 생각했는데, 이제는 신분과 상관없이 부자가 될 수 있다고 생각했을 것 같다.
👦 농사를 짓는 것이 천직인 줄로만 알고 살았는데, 여러 종류의 직업을 보면서 다른 직업도 괜찮아 보였을 것 같다.
👧 옛날에는 높은 신분을 보면 부러워했는데, 이제는 신분은 낮아도 돈이 많은 사람을 더 부러워했을 것 같다.

생각 펼치기
생각책 040~041쪽

이 책으로 공부한 어린이들의 실제 답안을 그대로 실었습니다. 어린이들의 다양한 생각과 관심을 파악할 수 있을 것입니다.

내가 알고 있는 다양한 직업
교사, 의사, 요리사, 회사원, 연예인, 과학자 등

노래 만들기

가수의 노래

Yo~ 나는 가수
Yo~ 나는 스타
Yo~ 나는 부자
Yo~ 나의 팬들
Yo~ 힘들어도 참아라
Yo~ 악플도 다 참아라
Yo~ 나는 가수니까

[일월초5 유서은]

우체부

에헤라~ 요고는 연애편지
에헤라~ 요놈은 효도편지
호롤롤롤~ 아따 요거는 대박
자식이 부모님께 수표를 부쳤네
갑자기 나까지 힘이 생기네
하아~ 이제 편지는 다 배달했네
월급 받아 고기 한 근 사고
퇴근해서 발 뻗고 자야것네

[대화초5 김민서]

역사와 뛰놀기
생각책 042쪽

04 피어나는 서민 문화

1834년

학습 목표
1. 조선 후기 서민 문화의 등장 배경을 알아본다.
2. 서민 문화의 특징을 알아본다.
3. 미니 탈을 만들어 본다.

---

1 전기수 (한국사 편지 4권 67쪽 참고)
2 《심청가》,《흥부가》,《춘향가》,《수궁가》,《적벽가》,《변강쇠타령》
(한국사 편지 4권 70쪽 참고)
3 산대놀이 (한국사 편지 4권 72쪽 참고)
4 민화 (한국사 편지 4권 73쪽 참고)
5 공명첩 또는 납속책 (한국사 편지 4권 76쪽 참고)
6 농악, 풍물 (한국사 편지 4권 77쪽 참고)

생각 한 걸음
생각책 046쪽

---

1 ❶

❷ 😊 진경산수화는 주로 풍경을 그렸고 민화는 동물이나 꽃을 그렸다. 풍속화는 사람들의 생활 모습을 그렸다.

생각 두 걸음
생각책 047~049쪽

[😊👦] 표시는 이 책으로 공부한 어린이들이 실제로 쓴 답안 중에서 적절한 것을 골라 실은 것입니다. 만약 지금 문제를 풀고 있는 어린이가 다소 다른 대답을 하더라도 문항의 핵심을 충분히 이해했다면 어린이의 다양한 생각을 존중해 주세요.

👦 진경산수화는 종이에 꽉 차게 그리고 아주 정교하게 그려진 것 같다. 민화는 귀엽고 재미난 표정으로 그려졌다. 풍속화는 사람들의 행동을 그렸는데, 사람들의 표정이나 행동을 생생하게 그렸다.

2 ❶ ㉠북청 사자놀이 ㉡강릉 관노 가면극 ㉢안동 별신굿 탈놀이 ㉣통영 오광대놀이 ㉤탐라국 입춘굿 놀이 ㉥송파 산대놀이 ㉦봉산 탈춤

❷ 👦 농사를 시작하기 전에 풍년을 기원하면서 동네 사람들이 모두 모여 탈춤을 췄을 것 같다. 또 추수를 끝내고 잔치를 할 때 다같이 모여 탈춤놀이를 했을 것이다.

👧 시장에서 장이 서는 날 사람들이 많이 모이면 탈춤놀이꾼들이 탈춤을 추고 시장에 온 사람들은 이것을 구경했을 것 같다.

❸ 👦 북청 사자놀이를 보고 싶다. 우리나라에는 사자가 없는데 조선 사람들이 사자를 어떻게 알았고, 사자를 어떻게 표현했는지 궁금하다.

👧 강릉 관노 가면극을 보고 싶다. 말이나 노래를 하지 않고 하는 탈춤놀이가 궁금하기 때문이다. 말이 없으니까 춤이나 동작이 더 크고 재미있을 것 같다.

3 ❶ ㉠소리꾼 ㉡고수 ㉢추임새

❷ 👦 옳거니! 잘한다!

👧 지화자 좋구나!

👦 얼쑤~!

깊이 생각하기
생각책 050~051쪽

1 👦 조선 후기 사람들은 신분제에 불만이 많았다. 그런데 판소리의 내용 중 대부분은 신분을 극복하고 출세하는 이야기다. 아마 이런 내용을 보면서 신분제에 대한 불만이 조금 풀어졌을 것이다. 그래서 좋아했다고 생각한다.

👧 못된 사람은 벌을 받고, 착한 사람은 복을 받는 세상을 원했기 때문이다. 조선 후기에는 백성을 괴롭히는 양반이나 관리들도 많

왔고, 나쁜 방법으로 부자가 되는 사람들도 많았다. 그래서 그런 사람들이 혼이 나는 이야기를 들으면 속이 시원해졌을 것 같다.

🧒 이야기가 흥미진진하고 재미있기 때문이다. 흥부가 박을 타는 장면, 심청이가 아버지를 만나는 장면 등 재미있고 조마조마한 장면이 많아 사람들이 좋아했을 것 같다.

2 👧 서민들의 생활에 여유가 생겼기 때문이다. 남는 시간을 재미있게 즐기고 싶은데 서민들에겐 그럴 만한 것이 없었다. 그래서 양반들이 즐기던 문화와 예술에 관심이 생겼을 것이다.

🧒 글을 배우고 똑똑해진 서민들이 많아졌다. 또 양반들 중에는 집안이 어려워져서 서민처럼 된 사람도 생겼다. 그래서 서민과 양반이 섞여서 서로 문화와 예술을 함께 즐길 수 있게 된 것이라고 생각한다.

3 👧 우리 조상들이 즐기던 전통이기 때문에 무형 문화재로 지정했다. 무형 문화재로 지정해서 지키고 보호하지 않으면 사라질 수 있기 때문이다.

🧒 요즘 사람들이 좀 더 관심을 갖게 하려고 무형 문화재로 지정했다. 요즘 사람들은 탈춤이나 판소리를 좋아하지 않는다. 그래서 자주 볼 수도 없다. 그런데 무형 문화재로 지정하면 사람들이 조금이라도 더 관심을 갖고 지켜볼 수 있기 때문에 무형 문화재로 지정했다고 생각한다.

느낀 점과 생각
흥, 효녀, 갑갑하다, 애타는 마음, 전래 동화, 반복하는 말, 말하는 투

감상문
제목: 청이와 심봉사

  노래를 따라 부르면서 우리나라 사람들이 흥이 많다는 것을 느꼈다. 심청전은 원래 전래 동화만 있는 줄 알았는데, 판소리로 만들었다는 게 흥미로웠다. 자기의 목숨을 바쳐 아버지의 눈을 뜨게 하려 했던 심청이는 역시 효녀라는 게 단번에 느껴졌고, 심봉사의 갑갑하고

생각 펼치기
생각책 052~053쪽

이 책으로 공부한 어린이들의 실제 답안을 그대로 실었습니다. 어린이들의 다양한 생각과 관심을 파악할 수 있을 것입니다.

애타는 마음도 판소리를 통해 알 수 있었다. 중간중간 반복하는 말이 나오는데 예를 들어, 우루루루루, 끔적끔적 등이 그것이다. '끔적끔적'이란 반복하는 말이 심봉사가 눈을 뜨는 모습을 떠올리게 해서 인상적이었다. 또, ~오, ~소, ~서 같은 말은 끝말이 독특해서 재밌게 따라 부른 것 같다.

[한내초4 김서진]

느낀 점과 생각
슬픔, 답답함, 기쁜 마음, 감정, 표현, 공연

감상문
제목: 여러 감정이 섞인 판소리

동화책으로만 접했던 심청이 이야기를 판소리로 처음 들어 보고 따라 해 보았다. 책으로 읽었을 때는 그냥 재미있는 이야기였는데, 판소리로 들으니까 답답했다가 슬펐다가 기쁜 마음을 더 많이 느낄 수 있었다. 인당수에 빠진 지 3년이 지나서 겨우 만났는데 아직도 아버지가 눈을 못 떠서 심청이가 너무 답답했을 것 같고, 아버지가 빨리 눈을 떴으면 하는 간절함도 느껴졌다. 사실 나는 판소리를 처음 접해 봤는데 사람의 감정을 굉장히 잘 끌어내는 음악이라는 걸 알게 되었다. 나는 어린이 뮤지컬을 한다. 1시간 동안 여러 친구들이 같이 공연을 하는데도 힘든데, 판소리는 혼자서 몇 시간 동안 노래하고 이야기하는 게 대단한 것 같다. 판소리는 긴 시간 동안 보는 사람들이 지루하지 않도록 표정 연기력도 필요하고 동작도 재미나게 하고, 추임새도 넣고, 노래도 잘 해야 해서 쉽지는 않을 것 같다. 그걸 어떻게 다 표현하는지 직접 보고 싶다. 그런데 나는 판소리 공연을 아직 한 번도 못 봤다. 어디서 하는지도 잘 모르겠다. 판소리 공연을 어린이들도 쉽게 볼 수 있도록 재미있게 많이 만들어 주면 좋겠다.

[대화초4 심채이]

역사와 뛰놀기
생각책 **054**쪽

[일월초5 김선우]

[신도림초4 신승준]

[일월초5 유서은]

[황룡초6 최서영]

05 조선 시대 부부의 사랑과 결혼
1836년

학습 목표
1. 조선 시대 결혼 풍습을 알아본다.
2. 조선 시대 여성의 삶을 알아본다.
3. 꽃가마를 만들어 본다.

1 《미암일기》 (한국사 편지 4권 84~85쪽 참고)
2 신사임당 (한국사 편지 4권 89쪽 참고)
3 합환주 (한국사 편지 4권 90쪽 참고)
4 반친영 (한국사 편지 4권 92~93쪽 참고)
5 당호 (한국사 편지 4권 93쪽 참고)
6 임윤지당 (한국사 편지 4권 93쪽 참고)

생각 한 걸음
생각책 **058**쪽

017

생각 두 걸음

생각책 **059~061**쪽

[😀🙂] 표시는 이 책으로 공부한 어린이들이 실제로 쓴 답안 중에서 적절한 것을 골라 실은 것입니다. 만약 지금 문제를 풀고 있는 어린이가 다소 다른 대답을 하더라도 문항의 핵심을 충분히 이해했다면 어린이의 다양한 생각을 존중해 주세요.

1 ❶ 🙂 조선 시대 여인은 옷감을 짜고, 요리하고, 농사를 짓는 등 많은 일을 했다. 쉬는 날에는 널뛰기도 했고, 놀이도 했다. 밖에 나갈 때는 장옷을 입어 모습을 숨겼다.

❷ 《호동서낙기》: 김금원 《윤지당유고》: 임윤지당 《태교신기》: 이사주당
《삼의당고》: 김삼의당 《음식디미방》: 안동 장씨

2 ❶
함과 관련된 스티커

❷
신랑의 옷차림과 관련된 스티커

❸
신부의 옷차림과 관련된 스티커

❹
혼수품과 관련된 스티커

❺ 대추
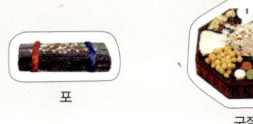  
폐백 음식과 관련된 스티커

깊이 생각하기
생각책 062~063쪽

1.
결혼 풍습	제사	재산 상속
혼례식을 신부 집에서 하고 신부가 시집으로 들어가서 사는 '시집살이'를 하는 경우가 많아졌다.	아들 중에서 맏아들이 제사를 지내고, 딸은 제사를 지내지 않는 것으로 바뀌어 갔다.	재산을 딸에게는 적게, 아들에게는 많이 주었다. 특히, 맏아들에게 재산을 많이 주는 것으로 바뀌어 갔다.

2. 결혼 풍습이라고 생각한다. 왜냐하면 신부가 시집살이를 하게 되면서 친정을 중심으로 하던 생활이 시집 중심으로 바뀌었기 때문이다.

   제사라고 생각한다. 왜냐하면 맏아들이 제사를 맡게 되면서 아들을 딸보다 중요하게 여기는 생각이 널리 퍼지게 되었기 때문이다.

   재산 상속이라 생각한다. 왜냐하면 결혼 후 친정 부모가 물려준 재산을 자기 몫으로 따로 가질 수 없게 되면서 여성의 경제권이 약해졌기 때문이다.

3. 여자에 대한 속담에는 여자들이 모이는 것이나 자기 의견을 주장하는 것을 옳지 못하게 여기는 생각이 담겨 있고, 남자에 대한 속담에는 남자의 말은 무겁고 귀하며, 남자가 모이면 무슨 일이든 할 수 있다는 생각이 담겨 있다. 이러한 속담이 생겨날 수 있었던 것은 남자를 여자보다 귀하고 중요한 존재라고 여겼기 때문이다. 하지만 나는 타고난 성으로 사람을 차별하는 것이 옳지 않다고 생각하기 때문에 이러한 속담에 대해 공감할 수 없다.

   이런 속담에는 여자를 낮춰 보는 뜻이 담겨 있는데, 여자를 차별하는 남자 중심 사회에서 만들어진 속담이라고 생각한다. 사회가 바뀌면 속담도 바뀐다고 생각한다.

생각 펼치기
생각책 064~065쪽

이 책으로 공부한 어린이들의 실제 답안을 그대로 실었습니다. 어린이들의 다양한 생각과 관심을 파악할 수 있을 것입니다.

신부는 마음씨가 착하고 글쓰기를 좋아하고, 신랑은 씩씩하고 그림을 잘 그리니 둘이 함께 힘을 모아 소설을 써도 좋을 것 같습니다. 서로 이야기를 많이 하고, 아끼고 도우며 살아가십시오. 가위는 두 개의 가윗날이 서로 붙었다 떨어졌다 하면서 자기가 할 일을 합니다. 부부도 가끔 다투고 사이가 멀어져도 또 가까워져야 하는 겁니다. 가윗날이 영원히 떨어지지 않도록 노력하며 열심히 사세요.

결혼이란 자신이 사랑하는 사람을 끝까지 책임지고 지키는 것입니다. 그리고 자신이 선택한 이상 다른 사람을 넘보지 않는 것이 결혼의 도리이며 예의입니다. 가끔 싸우거나 서로의 사랑이 식었다 생각이 되어도 성격을 맞추도록 노력하며 사세요. 전자레인지에 차가운 음식을 따뜻하게 데워 먹듯이 사랑이 식으면 다시 따뜻하게 만듭시다.

신랑 신부의 손에 낀 반지는 잃어버리지 않을 것을 서로 약속하세요. 그리고 서로 편지를 자주 써서 사랑을 많이 키워 가세요.

제 주례사는 이제 끝났습니다. 제가 이야기한 모든 것은 결혼한 △군과 ○양을 위한 것입니다. 감사합니다.

[일월초5 김선우]

지금부터 주례를 시작하겠습니다.

이제 ○○양과 ××군은 서로 부부가 됩니다. 두 사람은 결혼을 하면서 지켜야할 약속이 있습니다.

첫째, 작은 일로 싸우지 않습니다.

둘째, 언제나 서로 사랑해야 합니다.

셋째, 돈을 갖고 싸우지 않습니다.

넷째, 서로에게 비밀은 없어야 합니다.

다섯째, 서로에게 한 약속은 꼭 지킵니다.

여섯째, 기념일은 꼭 챙깁니다.

이 약속들을 지킬 수 있습니까? 후회 없이 열심히 사시기 바랍니다.

[일월초5 강예린]

역사와 뛰놀기
생각책 066쪽

[대화초4 심채이]

06 1861년 김정호와 《대동여지도》

학습 목표
1. 조선 시대 지도를 알아본다.
2. 김정호의 《대동여지도》를 알아본다.
3. 목적지도를 만들어 본다.

---

1 김정호 (한국사 편지 4권 100쪽 참고)
2 지리지, 지지 (한국사 편지 4권 102쪽 참고)
3 백두대간 (한국사 편지 4권 104쪽 참고)
4 〈혼일강리역대국도지도〉 (한국사 편지 4권 107쪽 참고)
5 방안 지도 (한국사 편지 4권 108쪽 참고)
6 조선 어린이들에게 조선은 열등하고 일본은 우월하니 일본을 따라야 한다는 사고방식을 심어 주기 위해서였다. (한국사 편지 4권 112쪽 참고)

생각 한 걸음
생각책 **070**쪽

---

1 ❶ 〈혼일강리역대국도지도〉
❷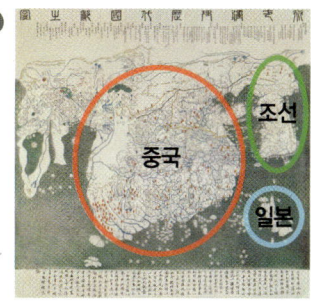

😊 실제 크기를 측정하지 못해서이다.
😊 조선이 나라에 대한 자부심을 갖고 있기 때문이다.
😊 중국이 세계의 중심이라는 생각 때문에 중국을 크게 그렸다. 일본은 약한 나라라고 생각했기 때문에 실제보다 작게 그렸다.
❸ 😊 지도를 보고 지역이나 장소에 대한 정보를 알 수 있다.

생각 두 걸음
생각책 **071~073**쪽

[😊😊] 표시는 이 책으로 공부한 어린이들이 실제로 쓴 답안 중에서 적절한 것을 골라 실은 것입니다. 만약 지금 문제를 풀고 있는 어린이가 다소 다른 대답을 하더라도 문항의 핵심을 충분히 이해했다면 어린이의 다양한 생각을 존중해 주세요.

😀 지도라기보다 그림 같아 보인다.
❹ 👧 자연을 아름답게 표현했다. 나무와 산, 집 등을 세밀하게 그렸다. 현대의 지도는 기호로 나타내는데, 조선 시대의 지도는 그림으로 그려져 있다.

2 ❶ 👦
㉠ 목판으로 만들어졌다. 판화 찍듯이 지도를 여러 장 찍어 낼 수 있다.
㉡ 22첩으로 만들어져서 필요한 부분을 찾아보기 편했고 휴대하기 간편했다.
㉢ 지도표를 사용하여 보기에 편해졌다. 인구나 거리, 논밭 등을 기호로 표시했다.
㉣ 10리마다 점을 찍어 표기하여 거리를 쉽게 짐작할 수 있었다.

❷ 👩 목판으로 만들어져서 여러 장 찍을 수 있는 것, 접을 수 있어서 휴대하기 간편했다는 점, 기호를 사용해서 보기 편리했다는 점, 방점을 찍어서 거리를 표시했다는 점.

❸ 😀 점점 더 정확해지고, 우리나라의 실제 모양과 가까워졌다. 기호를 사용하여 보기 편해졌다. 예전의 지도를 참고하여 더 정확한 지도를 만들었다.

깊이 생각하기
생각책 074~075쪽

1 😀 나라를 잘 다스리기 위해서 지리지가 필요했다. 나라를 잘 다스리려면 지방마다의 특성과 위치를 잘 알아야 하는데, 지리지에는 각 지방의 자연, 행정, 경제, 사회, 군사 내용 등 모든 정보가 담겨 있기 때문에 지리지를 만들도록 했을 것이다.

👧 나라의 국방을 잘 하기 위해 지리지가 필요했다. 나라의 땅을 잘 알아야만 외세에 대비를 하고 외세의 침입을 잘 막을 수 있다. 그래서 지형적인 특성, 군사적인 내용이 담긴 지리지가 필요했을 것이다.

2 👦 김정호의 노력이 있었기 때문이다. 김정호는 지리학을 공부하며 일생을 정밀한 지도와 지리서를 만드는 일에 바쳤다. 김정호는

《대동여지도》 이전에도 《청구도》, 《동여도》, 《동여도지》, 《여도비지》 등의 지도와 지리지를 만들었다. 지도에 대한 그의 노력이 훌륭한 지도를 만든 것 같다.

👱 조선 시대에 지도와 지리지를 연구하는 사람들이 많았고, 지도에 대한 자료가 풍부했기 때문이다. 김정호는 비변사나 규장각에 소장된 지도와 여러 지리지 등을 참고하여 《대동여지도》라는 훌륭한 지도를 만들었다.

3 😊 현대 지도의 장점은 낯선 장소나 처음 가 보는 길도 쉽게 찾을 수 있다는 점이다. 내비게이션을 이용해 낯선 여행지를 찾아갈 경우에도 도로명이나 표지판을 볼 필요 없이 내비게이션의 안내에만 따르면 되기 때문이다. 현대 지도의 단점은 사람이 생각할 기회를 빼앗아 버린다는 점이다. 예전에는 목적지를 찾을 때 지도를 펼쳐 놓고 여러 가지 경우를 생각해 보면서 길을 찾았다면, 요즘의 지도(내비게이션)는 단순하게 기계의 안내만 따르면 되기 때문이다.

👩 현대 지도의 장점은 언제 어디서나 쉽고 빠르게 정보를 알 수 있다는 점이다. 우리는 인터넷이나 스마트폰을 통해서 손쉽게 위성 지도를 찾아볼 수 있다. 위성 지도에는 내가 찾는 곳의 모습이 생생하게 보인다. 현대 지도의 단점은 개인의 사생활이 노출될 수 있다는 점이다. 하늘에서 찍은 위성 지도는 마치 내가 그곳에 있는 듯한 착각이 들 정도로 섬세하게 보이지만, 사람들의 모습이 아무렇지도 않게 보여서 자칫 잘못하면 사생활을 침해받을 수 있다.

애들아! 너희 《대동여지도》를 들어 본 적이 있지?
《대동여지도》는 김정호 선생의 작품으로 우리나라에서 가장 큰 전국지도야. 이 지도는 조선 시대 지도 중 가장 정밀하고 정확해서 오늘날의 지도와 차이가 거의 없다고 해. 옛날에도 이런 지도가 있었다니 참 신기할 따름이더라. 어떻게 그 시대에 하늘에서 내려다보는 것처럼 지도를 그렸을까? 그땐 자동차도 없고 기차도 있을 리가 없으

생각 펼치기
생각책 076~077쪽

이 책으로 공부한 어린이들의 실제 답안을 그대로 실었습니다. 어린이들의 다양한 생각과 관심을 파악할 수 있을 것입니다.

니까 말이야. 조선은 지도학이 매우 발달한 나라였대. 김정호는 과거의 지도와 지리서들을 연구하고 그 장점들을 모아서 《대동여지도》를 완성한 거야.

《대동여지도》는 매우 커서 3층 이상이 되는 높이가 되어야 걸 수 있을 정도야. 보기에는 좀 어지러울지 몰라도 옛날 사람의 정신으로 거대한 지도를 만들었으니 칭찬할 만해. 《대동여지도》는 이렇게 거대하지만 접으면 우리 교과서 책만 해진대. 아마도 여행을 다닐 때 더 편하라고 그렇게 만든 건가 봐.

《대동여지도》를 보면 옛날 우리나라의 모습과 오늘날의 우리나라 모습을 비교할 수 있어서 참 좋은 것 같아. 너희들도 꼭 보길 바랄게.

[한내초4 김서진]

조선 시대의 내비게이션, 《대동여지도》를 추천합니다.

《대동여지도》를 추천하는 이유는 여러 가지입니다. 《대동여지도》는 목판으로 인쇄하여 지도를 여러 장 찍을 수 있게 되어 있습니다. 그리고 10리 간격마다 방점을 찍어 간격의 길이를 잘 표시하였습니다. 또 22첩으로 만들어져서 접을 수도 있고 가지고 다닐 수도 있습니다. 배가 다닐 수 있는 큰 강은 두 줄, 다닐 수 없는 좁은 강은 한 줄로 그려서, 배가 다니는 길을 잘 알 수 있게 구분해 놓았습니다. 그리고 알아보기 편하고 복잡하지 않게 산이나 강을 기호로 표시했습니다. 내비게이션보다 더 정확하게 길을 알려 주는 똑똑한 지도책이 바로 《대동여지도》입니다.

[대화초4 심채이]

역사와 뛰놀기
생각책 **078**쪽

전학 온 친구를 위한
우리 동네 맛집 지도

[대화초4 이승민]

07 일어서는 농민들
1862년

학습 목표
1. 조선 시대 삼정을 알아본다.
2. 조선 후기 농민 봉기를 알아본다.
3. 깃발 놀이를 통해 세금을 알아본다.

---

1 경상도 진주 (한국사 편지 4권 118~119쪽 참고)
2 등장, 소지 (한국사 편지 4권 121쪽 참고)
3 아전, 서리 (한국사 편지 4권 121쪽 참고)
4 토지세, 군포, 환곡 (한국사 편지 4권 124쪽 참고)
5 조운 (한국사 편지 4권 125쪽 참고)
6 홍경래의 봉기 (한국사 편지 4권 130쪽 참고)

생각 한 걸음
생각책 **082**쪽

---

1 ❶

| 객사 | 내아 | 동헌 | 질청 |

❷ 왕을 상징하는 전패를 모셔 놓았기 때문이다.

❸ 억울한 백성이 있을 때 재판을 하거나, 죄 지은 사람을 심문했을 것이다. 또 고을을 다스리기 위해 하급 관리와 회의를 하고, 명령을 내리기도 했을 것이다.

❹ 일하는 곳과 집이 가까워서 출퇴근하기 편하고 힘들 때 내아에서 쉴 수도 있을 것이다.

생각 두 걸음
생각책 **083~085**쪽

[😊 😊] 표시는 이 책으로 공부한 어린이들이 실제로 쓴 답안 중에서 적절한 것을 골라 실은 것입니다. 만약 지금 문제를 풀고 있는 어린이가 다소 다른 대답을 하더라도 문항의 핵심을 충분히 이해했다면 어린이의 다양한 생각을 존중해 주세요.

❺아전은 백성을 직접 만나서 세금을 걷는 일을 했다. 그때 공평하게 일을 처리하는 아전도 있겠지만 백성을 괴롭히는 데 앞장선 아전도 있기 때문에 원성을 샀을 것이다.

2 ❶ ㉠토 ㉡군 ㉢군 ㉣토 ㉤토, 환 ㉥군 ㉦환 ㉧토 ㉨환

❷ 🧑 조선 시대에는 세금을 쌀로 냈는데, 현대에는 돈으로 낸다.
👦 조선 시대에는 세금을 내는 신분이 정해져 있었지만, 지금은 모든 국민이 세금을 낸다.

3 ❶❷

❸ 🧑 삼남지방은 농사를 많이 지어 곡식을 많이 거둬들이는 지역이라 관리들의 부정부패도 더 심했다. 살기 어려워진 삼남지방의 농민들이 봉기를 많이 일으키게 된 것이다.

👦 삼남지방은 한양과 멀어 중앙의 관리가 소홀하기 쉬운 지역이다. 그래서 관리들이 부정부패를 저지르는 일이 많았다. 이런 부정부패에 시달린 농민들이 봉기를 많이 일으키게 된 것이다.

깊이 생각하기

1 👦 한 가문이 많은 권력을 갖게 되어 세도 가문이 옳지 않은 결정

을 해도 비판할 사람이 없게 되었다.

😊 세도 가문을 따르는 무리를 중요한 관직에 뽑고, 나라의 일을 결정할 때 세도가들이 뽑아 준 관리를 조종해서 자신에게 유리한 결정을 내리게 한다. 그래서 더 큰 힘을 갖게 되고 나라의 정치가 부패하게 된다.

👦 세도 가문이 큰 힘을 가지고 관직을 사고팔 수도 있다. 그러면 관직을 산 사람은 자신이 들인 돈을 되찾기 위해 백성들에게 무리한 세금을 거두게 된다. 결국, 백성들이 살기 힘들게 된다.

👧 왕의 힘이 약해진다. 세도가들이 권력을 이리저리 휘두르니 왕권은 약화될 수밖에 없다.

2 😊 숙종 이후 양반의 수는 점점 늘고, 평민의 수는 점점 줄어들었다. 각 마을 단위로 내야 할 세금의 총액이 정해져 있는데 세금을 내는 평민이 줄어들고 있으니, 1인당 부담해야 할 세금이 더 많아져 생활이 힘들었다.

😊 홍수가 났을 때도 세금을 거두고, 수령이 마음대로 세금을 거두는 등 백성의 편의를 봐주지 않고, 세금을 더 걷는 데만 신경 썼기 때문이다.

3 👦 1862년 일어난 농민 봉기는 <u>두더지 잡기이다.</u> 왜냐하면 두더지 잡기 게임처럼 한 두더지를 잡으면, 다른 곳에서 두더지가 튀어나오고, 또 다른 두더지를 잡으면, 다시 다른 곳에서 두더지가 튀어나오기 때문이다. 여기저기서 일어나는 끊임없는 농민 봉기의 모습이 끊임없이 튀어나오는 두더지의 모습과 비슷하다.

👧 1862년 일어난 농민 봉기는 <u>어쩔 수 없었던 일이다.</u> 왜냐하면 세도 가문이 자신들의 욕심만 채우려고 해서 정치가 엉망이 되고, 순조에서 철종까지 그런 세도 정치 시기였기 때문에 백성들이 너무 힘들어서 농민 봉기가 일어날 수밖에 없었기 때문이다.

😊 1862년 일어난 농민 봉기는 <u>어쩌면 큰 전쟁이 될 수도 있는 일이다.</u> 왜냐하면 전국에서 농민 봉기가 일어났기 때문에 만약 세도가들이 마음먹고 그런 백성들을 진압해 달라고 청나라에 요청해서 청나라 군대가 우리나라에 들어왔다면 백성들과 부딪쳐 큰 전쟁이 될 수도

있었기 때문이다.

생각 펼치기
생각책 088~089쪽

이 책으로 공부한 어린이들의 실제 답안을 그대로 실었습니다. 어린이들의 다양한 생각과 관심을 파악할 수 있을 것입니다.

　　저는 농민 성동진이라고 합니다. 제가 이 소지를 쓰는 이유는 단 하나, 관리들 때문입니다.
　　우리 농민들은 사는 게 너무 힘듭니다. 알고 계시나요?
　　아전들이 우리의 세금을 몰래 빼돌리거나 더 많이 걷어 자기들 재산을 불리고 있습니다. 저 이외의 많은 농민들은 무리한 세금을 안 내기 위해 야반도주를 하거나 세금으로 모든 것을 빼앗기고 죽어 가고 있습니다.
　　제발 부탁이니 부정부패를 저지르는 아전들을 잡아 혼내 주십시오. 농민이 잘 살아야 나라가 튼튼해지지 않겠습니까? 제발 부탁입니다.

[송림초5 성동진]

　　진주 현감님께
　　저는 진주에 살고 있는 원준이라 합니다.
　　요즘 세도 정치와 삼정문란 때문에 저희 농민들이 아주 힘듭니다. 임금님께서 왕권을 강화하지 못하고 세도가들의 뜻만 따르니 진주 현감님께서도 힘드실 줄 압니다.
　　얼마 전 이웃집 일랑이네가 사는 것이 힘들어 결국 야반도주를 하였는데 그 집 세금까지 저희가 내게 되었습니다. 이게 말이 됩니까? 또 민승이네는 할아버지가 75세이고 민승이는 5세인데 이 둘에게도 군포를 내라고 아전들이 명령을 하고 갔습니다.
　　진주 현감님께서도 어쩔 수 없이 그러는 것이겠지만 저희는 도저히 이대로 살 수가 없습니다. 제발 모든 것들을 바로잡아 주세요.

[일월초5 우진식]

역사와 뛰놀기
생각책 090쪽

〈세금 OX 퀴즈 카드 정답〉

| 세금 OX 퀴즈 01 | ○ | 세금 OX 퀴즈 02 | ○ |
| 세금 OX 퀴즈 03 | × | 세금 OX 퀴즈 04 | × |

세금 OX 퀴즈 05	×	세금 OX 퀴즈 06	×
세금 OX 퀴즈 07	×	세금 OX 퀴즈 08	○
세금 OX 퀴즈 09	×	세금 OX 퀴즈 10	×
세금 OX 퀴즈 11	×	세금 OX 퀴즈 12	×
세금 OX 퀴즈 13	×	세금 OX 퀴즈 14	×
세금 OX 퀴즈 15	○	세금 OX 퀴즈 16	×
세금 OX 퀴즈 17	×	세금 OX 퀴즈 18	×
세금 OX 퀴즈 19	○	세금 OX 퀴즈 20	○
세금 OX 퀴즈 21	○	세금 OX 퀴즈 22	○
세금 OX 퀴즈 23	×	세금 OX 퀴즈 24	×

08 서학과 동학
1864년

학습 목표
1. 조선 후기 서학에 대해 알아본다.
2. 조선 후기 동학에 대해 알아본다.
3. 세계 종교를 알아보는 책을 만들어 본다.

1 《천주실의》 (한국사 편지 4권 135쪽 참고)
2 이승훈 (한국사 편지 4권 136쪽 참고)
3 명동 성당 (한국사 편지 4권 139쪽 참고)
4 《동경대전》,《용담유사》 (한국사 편지 4권 142쪽 참고)
5 '인내천' 사상과 '후천 개벽' 사상 (한국사 편지 4권 145쪽 참고)
6 천도교 (한국사 편지 4권 147쪽 참고)

생각 한 걸음
생각책 **094**쪽

생각 두 걸음

생각책 095~097쪽

[😊🙋] 표시는 이 책으로 공부한 어린이들이 실제로 쓴 답안 중에서 적절한 것을 골라 실은 것입니다. 만약 지금 문제를 풀고 있는 어린이가 다소 다른 대답을 하더라도 문항의 핵심을 충분히 이해했다면 어린이의 다양한 생각을 존중해 주세요.

1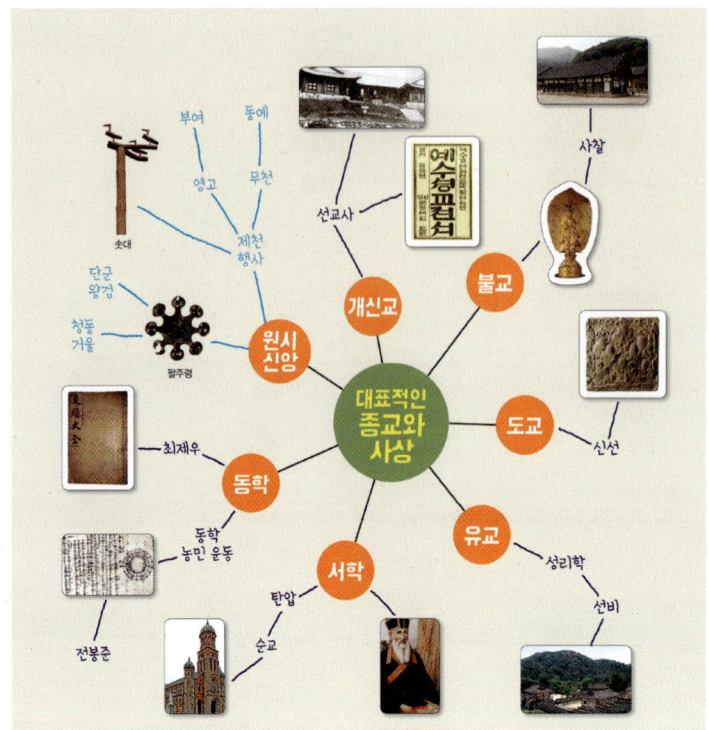

2

㉠ 하느님 말씀에 모두가 평등하다고 했어. 서학을 알기 전에는 남자와 같은 자리에 앉을 수 없었지만 이제는 하나도 부끄럽지 않아.
㉡ 북경까지 가서 세례를 받고 왔다니 정말 대단해. 나도 열심히 공부해서 멋진 이름으로 세례를 받고, 하느님의 사랑을 전파하겠어.
㉢ 어머니는 천국으로 가셨습니다. 귀신은 없고 제사를 지내는 행동도 부질없는 행동입니다. 하느님의 품으로 가신 어머니도 행복할 것입니다.
㉣ 어머니의 제사를 지내지 않다니 불효막심하구나! 네가 그러고 저승에 가서 조상님 얼굴을 어찌 보려 하느냐!

3 ❶  최제우　 용담정

접, 접주

❷ 사람이 곧 하늘이다. 하늘은 가장 높은 것이니까 사람이 가

장 귀한 존재라는 뜻인 것 같다. 그런데 여기서 사람이란 신분, 성별, 나이에 상관없이 모든 사람을 뜻한다. 결국 모든 사람은 평등하고 귀하다는 뜻이다.

깊이 생각하기
생각책 **098**쪽

1. 😊 동학과 서학의 공통점은 모든 사람들이 평등하다는 것이고, 차이점은 동학은 조상에게 제사를 지내는 것을 반대하지 않지만 서학에서는 제사를 지내지 못하게 했다는 것이다.
👧 동학과 서학의 공통점은 둘 다 나라에서 믿지 못하게 탄압한 종교이고, 차이점은 서학은 외국에서 들어온 종교이지만 동학은 우리 땅에서 생겨난 종교라는 것이다.

2. 👦 새로운 종교는 모든 사람이 평등하다고 주장했기 때문이다. 조선의 지배층은 자신들이 지켜 오던 신분 제도가 흔들려서, 세력이 약해지고 새로운 세상이 오는 것이 두려웠을 것이다.
👸 정치적인 이유 때문이다. 지배층 간의 권력 다툼에서 상대방을 제거하고 싶지만 마땅한 명분이 없을 때 새로운 종교를 믿는다는 것을 빌미로 상대 세력을 다 죽이는 데 이용했을 것이다.
😊 서학은 제사를 지내는 것을 반대했기 때문에 박해했을 것이다. 조선은 유교 국가로 조상에게 예를 다하는 것을 중요하게 생각했다. 그런데 제사를 지내지 않는다는 것은 전통을 지키는 지배층 입장에서 전혀 이해할 수 없는 끔찍한 일이었을 것이다.

3. 👧 종교는 사람들이 힘든 일이 있을 때 큰 의지가 되어 줄 것이다. 가족이 병이 들었다든지, 사업에 크게 실패했다든지, 대학 입시와 같은 큰 시험을 앞두고 있을 때 신에게 기도하며 의지하고, 위로받을 수 있을 것이다.
👦 종교는 사람들의 생활에 규범이 되어 줄 것이다. 종교마다 경전과 지켜야 할 규율이 있다. 예를 들면 술을 마시지 마라, 거짓말을 하지 마라, 어려운 사람을 도와라 등이 있다. 그런 규범을 지키면 올바른 생활을 하는 데 도움이 될 것이다.
👸 종교는 사람들의 마음을 하나로 모을 수 있다. 다 같이 힘을 합

쳐서 역경을 이겨 내는 데 도움을 줄 것이다. 예를 들어 고려 시대에 몽골군이 침입했을 때 팔만대장경을 만들어 백성의 마음을 하나로 모으고, 전쟁을 이겨 내려고 한 것 등이 있다.

😃 종교는 사람들에게 나쁜 영향을 미칠 수 있다. 종교 때문에 전쟁이 많이 일어났고, 지금도 일어나고 있기 때문이다.

생각 펼치기
생각책 099쪽

이 책으로 공부한 어린이들의 실제 답안을 그대로 실었습니다. 어린이들의 다양한 생각과 관심을 파악할 수 있을 것입니다.

시크교: 힌두 문화의 바탕 위에 이슬람교의 유일신 사상을 받아들였다. 15세기 말에 펀자브에서 나나크가 만든 인도의 종교이다. 시크 과격파와 인도 정부가 싸우게 되어 시크교도들이 간디를 암살했다.

유대교: 아브라함을 이스라엘의 시조로, 모세를 지도자로 섬긴다. 십계명의 첫 번째 계율은 '나 이외의 다른 신을 섬기지 마라.'이다. 유대인은 유일신인 야훼를 섬긴다. 유대교에서는 어머니가 유대인인 사람은 자동으로 유대인이 된다.

이슬람교: 세계에서 두 번째로 큰 종교이다. 교인이 13억 명이나 된다. 창시자는 570년 메카에서 탄생한 무함마드이다. 경전은 코란이다. 이슬람은 평화와 신에 대한 복종을 뜻한다. 이슬람교를 믿는 사람은 무슬림이라고 부른다. 라마단 동안 금식을 한다.

[신도림초3 정선민]

역사와 뛰놀기
생각책 100쪽

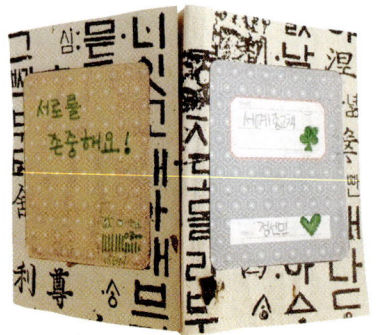 

[신도림초3 정선민]

09 쇄국과 개화의 갈림길

1871년

학습 목표
1. 흥선 대원군의 정책을 알아본다.
2. 서양의 제국주의에 대해 알아본다.
3. 외규장각 의궤에 관한 신문을 만들어 본다.

---

1 제국주의 (한국사 편지 4권 152쪽 참고)
2 이양선 (한국사 편지 4권 154쪽 참고)
3 제너럴 셔먼호 사건 (한국사 편지 4권 155쪽 참고)
4 병인양요 (한국사 편지 4권 156쪽 참고)
5 강화도 광성보 (한국사 편지 4권 158쪽 참고)
6 서양 오랑캐가 침범하는데 싸우지 않으면 화해하는 것이요, 화해를 주장하는 것은 곧 나라를 팔아먹는 짓이다. (한국사 편지 4권 159~160쪽 참고)

생각 한 걸음
생각책 **104**쪽

---

1 ❶ 영국, 프랑스, 러시아 등 유럽의 배와 미국, 일본의 배
　❷ 조선의 배와 모습이 다른 이양선을 신기하게 여겼을 것이다.
　　처음 보는 낯선 배의 모습에 놀라고 두려웠을 것이다.
　❸ 조선이 나라의 문을 열어 자신들과 교류하고 물건도 사고팔기를 원했기 때문이다.
2 ❶ 프랑스 신부를 처형한 것에 대해 책임을 묻고 통상 조약을 요구하기 위해서 공격해 왔다.
　❷ 외규장각

생각 두 걸음
생각책 **105~107**쪽

[😊 😊] 표시는 이 책으로 공부한 어린이들이 실제로 쓴 답안 중에서 적절한 것을 골라 실은 것입니다. 만약 지금 문제를 풀고 있는 어린이가 다소 다른 대답을 하더라도 문항의 핵심을 충분히 이해했다면 어린이의 다양한 생각을 존중해 주세요.

3 ❶ 😊 1866년 7월 미국의 상선 제너럴 셔먼호가 평양 근처에 와서 통상을 하자고 요구하며 총을 쏘고 행패를 부리자 분노한 평양 사람들이 제너럴 셔먼호를 불태우고 선원들을 모두 죽인 사건이다.

❷ 😊 남연군의 시체를 볼모로 삼아 흥선 대원군이 자신들과 통상 조약을 맺게 하려고 했다.

❺ 😊 외국의 배가 강화도를 통과하지 못하게 하고, 백성들이 서양 세력의 침입에 맞서 싸우게 하려고 세웠다.

4 😊 강화도가 한성과 가까웠고, 뱃길을 이용하면 육지로 가는 것보다 빠르게 한성으로 갈 수 있었기 때문이다.

깊이 생각하기
생각책 **108**쪽

1 😊 조선이 이겼다고 생각한다. 비록 많은 군사가 희생되었고, 귀중한 문화재를 빼앗겼지만 프랑스와 미국의 군대는 강화도에만 상륙하여 전투했을 뿐, 조선 땅으로 깊이 들어오지 못했고 스스로 물러갔기 때문이다.

😊 서양이 이겼다고 생각한다. 서양은 조선과의 전투에서 거의 희생된 군사가 없었지만 조선은 수많은 군사가 희생되었고, 금과 은,

곡식, 귀중한 책까지 빼앗겼기 때문이다.

👦 무승부라고 생각한다. 조선에 서양 군대가 다시는 쳐들어오지 않았기 때문에 조선의 승리라고 볼 수도 있고, 서양이 조선의 보물을 훔치고 조선을 공격할 때 필요한 뱃길 등의 정보도 알아갔기 때문에 서양의 승리라고 볼 수도 있기 때문이다.

2 👧 흥선 대원군의 정책 중 호포제와 사창제는 백성들을 살기 편하게 했고, 서원 철폐와 인재의 고른 등용, 의정부의 기능을 되살린 것은 정치를 안정시켰기 때문에 훌륭하다. 그러나 경복궁을 재건하면서 백성들을 힘들게 하고, 척화비를 세워 서양과 교류하지 못하게 하여 나라의 발전을 늦게 한 점은 아쉽다.

👦 흥선 대원군은 백성을 힘들게도 하고 백성을 위하기도 했다. 왜냐하면 백성을 위하는 정치 방법은 대부분 좋았지만 경복궁 재건으로 백성들이 살기 어려워지기도 했고, 쇄국 정책으로 서양을 알아야 할 시기를 놓쳐 결국 조선이 망하게 되었기 때문이다.

3 👧👦

서양 강대국	약소국
-넓은 식민지를 차지하면서 경제적으로 발전했다.	-자원을 빼앗기고 싼 임금으로 노동했기 때문에 살기 힘들어졌다.
-더 많은 식민지를 차지하기 위해 경쟁했기 때문에 서로 사이가 나빠졌다.	-서양 강대국 위주의 정책을 펼쳤기 때문에 고유의 문화나 생활 모습을 유지하기 어려웠다.
-무력을 동원해서 식민지를 개척했기 때문에 군사력이 강해졌다.	-서양 강대국들에 의해 강제로 근대화를 당했기 때문에 자주적인 근대화를 이룰 기회를 놓쳤다.

정리하기

반환된 외규장각 의궤 소개: 외규장각 의궤는 대부분 왕의 열람을 위해 제작된 어람용 의궤이다.

박병선 씨는 누구인가?: 박병선 씨는 역사학자이며, 프랑스에서 《직지심체요절》이 현존하는 최초의 금속활자임을 밝혀냈다. 프랑스 국립도서

생각 펼치기
생각책 **109**쪽

이 책으로 공부한 어린이들의 실제 답안을 그대로 실었습니다. 어린이들의 다양한 생각과 관심을 파악할 수 있을 것입니다.

관에 방치되어 있던 외규장각 의궤를 발견하고, 의궤가 대한민국으로 돌아오게 하는 데 큰 힘을 기울였다.

외규장각 의궤 반환 축하 행사: 2011년 6월 11일에 강화도와 서울에서 외규장각 반환 축하 행사가 성대하게 열렸다.

기사문 쓰기1

　조선 시대 왕실의 결혼이나 행차 등 주요 행사의 모습을 글과 그림으로 기록한 책을 의궤라고 한다. 병인양요 때 프랑스군은 강화도에 있던 외규장각 의궤를 약탈해 갔고, 그동안 외규장각 의궤는 프랑스 국립도서관에 소장되어 있었다. 반환된 외규장각 의궤는 대부분 왕이 보도록 만든 어람용 의궤이다. 어람용 의궤는 왕의 열람을 위해 특별히 제작된 것이기 때문에 보관용보다 종이와 표지, 서체와 그림의 수준 등이 훨씬 뛰어나다. 외규장각 의궤 297권 중 절반 정도는 왕실 장례에 관한 것이다. 나머지 절반은 왕실의 혼례와 각종 잔치, 세자 책봉, 궁궐이나 성곽을 정비하는 내용 등을 기록하고 있다. 특히 왕실의 행사 그림인 반차도는 인물의 수염까지 나타낼 정도로 완벽하고 세밀하다.

기사문 쓰기2

　1928년에 태어난 박병선 씨는 대한민국의 역사학자이다. 박병선 씨는 1967년부터 13년 동안 프랑스 국립도서관에 근무하면서 《직지심체요절》과 외규장각 도서를 발견했다. 1972년에 《직지심체요절》의 존재를 처음 발견하여 이 사실을 세상에 알렸고, 1975년에는 병인양요 때 프랑스가 약탈해 간 외규장각 도서를 발견했다. 프랑스는 외규장각 의궤의 존재를 한국에 알렸다는 이유로 그에게 도서관 사서를 그만두도록 했다. 도서관 일을 그만둔 뒤에도 박병선 씨는 연구 활동을 계속했다. 그래서 외규장각 의궤가 박병선 씨의 적극적인 노력 끝에 145년 만에 우리의 땅으로 돌아왔다.

기사문 쓰기3

  2011년 6월 11일 강화와 서울에서 외규장각 의궤 반환 행사가 성대하게 열렸다. 오전에는 외규장각 서고가 있던 강화도에서 강화 주민 등 500여 명이 강화산성 남문에서 외규장각 터까지 의궤를 옮기는 행사가 진행되었다. 1783년《내각일력》에 쓰인 대로 규장각 도서를 강화도의 외규장각으로 옮기는 과정을 재현한 것이다. 이날 오후에는 서울 광화문 광장과 경복궁에서 '외규장각 의궤 귀환 환영 대회'가 열렸다. 이명박 대통령 내외와 박병선 박사, 자크랑 전 프랑스 문화장관 등이 참석했다. 의궤가 돌아왔음을 선조들께 알리는 고유제를 올렸고, 전국에서 모인 놀이패가 탈춤과 풍물을 선보이며 의궤의 귀환을 축하하는 행사가 성대하게 벌어졌다.

[대화초4 이승민]

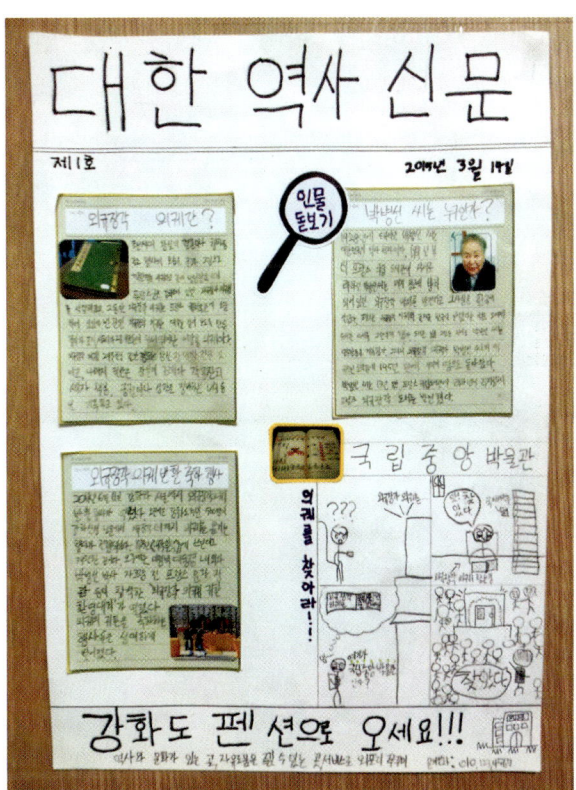

[대화초4 이승민]

역사와 뛰놀기
생각책 **110**쪽

나라의 문을 열다

1876년

10

학습 목표
1. 조선의 개항 과정을 알아본다.
2. 조선이 서양과 맺은 조약을 알아본다.
3. 조약 이름 맞히기 게임을 한다.

생각 한 걸음
생각책 114쪽

1 병자수호조규 (한국사 편지 4권 168쪽 참고)
2 운요호 (한국사 편지 4권 169~170쪽 참고)
3 개항 (한국사 편지 4권 177쪽 참고)
4 수출 상품이나 수입 상품에 매기는 세금 (한국사 편지 4권 178쪽 참고)
5 수신사 (한국사 편지 4권 180쪽 참고)
6 최혜국 대우 (한국사 편지 4권 183쪽 참고)

생각 두 걸음
생각책 115~117쪽

[👦 👧] 표시는 이 책으로 공부한 어린이들이 실제로 쓴 답안 중에서 적절한 것을 골라 실은 것입니다. 만약 지금 문제를 풀고 있는 어린이가 다소 다른 대답을 하더라도 문항의 핵심을 충분히 이해했다면 어린이의 다양한 생각을 존중해 주세요.

1

2 ❶❷

❸ 😊 서양 강대국들이 조선과 조약을 맺기 위해 압박했기 때문이다. 조선은 강대국을 이길 수 없었고, 당시 국제법도 잘 몰라서 강대국이 원하는 대로 많은 조약을 맺었다.

👧 여러 나라와 조약을 맺는 것이 조선에 유리할 거라고 생각했기 때문이다.

3 ❶❷

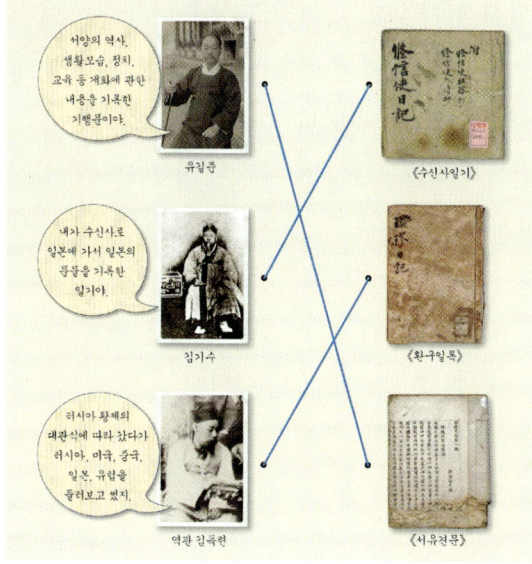

❸ 👦 외국의 발달한 과학 기술이나 경제, 문화를 조선에 소개해서 조선도 발전시키고 싶은 생각으로 책을 썼을 것 같다.

039

👩 외국의 신기하고 낯선 문물을 기록하고 소개하고 싶어서 썼을 것이다.

깊이 생각하기
생각책 118~119쪽

1 흥선 대원군이 쇄국을 주장한 이유

👩 서양의 침입을 겪으면서 그들을 믿지 못하게 되었기 때문이다.
🙂 서양의 문물을 받아들여 발전하는 것보다 왕권을 강화시키는 데 더 관심이 있고 중요하다고 생각했기 때문이다.
👦 서양인들을 서양 오랑캐라 여기고, 조선을 위험하게 만들 것이라고 생각했기 때문이다.

고종과 왕비 민씨가 개화를 택한 이유

👩 흥선 대원군을 몰아내고 고종과 왕비 민씨가 직접 나라를 다스리기 위해서 개화을 주장했다고 생각한다.
🙂 조선은 흥선 대원군이 물러난 뒤 혼란스러웠고 다른 나라의 압력이 너무 심했기 때문에 개화를 선택할 수밖에 없었다고 생각한다.
👧 두 사람은 젊었기 때문에 호기심, 도전 정신이 있어서 다른 나라와 교류하는 것을 두려워하지 않았기 때문이다.

2 👦 조선은 당시 힘이 약한 나라였고 상대 나라들은 매우 강한 나라였기 때문에 강한 상대 국가가 시키는 대로 할 수밖에 없었다. 그래서 불평등한 내용이 많았다.
👩 당시 조선은 국제법이나 다른 나라의 상황을 거의 알지 못했다. 그래서 어떻게 해야 평등한 조약을 맺을 수 있는지 몰랐다. 또 불평등한 조약이 나중에 어떤 큰 문제를 일으키게 될지에 대해서도 전혀 짐작하지 못했기 때문에 이 같은 조약을 맺게 되었다.

3 🙂 다른 나라에 대한 정보가 많은 사람이 참석해야 하고, 회담을 하기 전에 미리 우리나라의 주장을 계획해야 한다. 그리고 혹시 나중에 조약을 고칠 상황이 생길 수도 있으므로 조약 내용에 수정할 수 있다는 조항을 꼭 넣어야 한다.
👧 불평등한 조약을 맺지 않기 위해서는 조약이 나라에 미치는 영향은 어느 정도인지, 조약을 맺게 된 후 어떤 일이 생길 수 있는지

등 꼼꼼하게 조항 하나하나의 의미를 파악하고 의논해야 한다. 그리고 다른 사람의 말에 쉽게 의견을 바꾸지 말아야 한다.

✋ 나라에 이익이 되는 부분을 자세하게 분석하고 따져 본 후 큰 것을 얻기 위해 작은 것은 내줄 수 있는 배짱과 판단력이 있어야 한다. 그러기 위해서는 조약 맺을 나라에 대한 정보를 잘 알고 있어야 한다.

생각 펼치기
생각책 120~121쪽

이 책으로 공부한 어린이들의 실제 답안을 그대로 실었습니다. 어린이들의 다양한 생각과 관심을 파악할 수 있을 것입니다.

조항	조약 내용 다시 쓰기	이유
9	일본인은 관세를 정당히 내고 무역을 한다.	관세를 내지 않으면 우리나라의 산업이 무너지기 때문이다.
10	일본 국민이 조선 땅에서 잘못한 일이 있으면 조선의 법에 따라 재판한다.	일본의 법으로 재판하면 자기의 국민이라고 봐줄 수도 있고 피해를 입은 건 조선이기 때문에 조선 법으로 재판해야 한다.
12	이상의 조항을 두 나라는 성실히 준수하며 양국 정부는 5개월에 한 번씩 협상을 새로 하여 불평등한 내용을 수정한다.	내용을 바꾸지 못한다면 조선이 피해를 볼 수 있기 때문이다.

[일월초5 우진식]

조항	조약 내용 다시 쓰기	이유
3	두 나라 사이에 오가는 문서는 일본은 일본어로 조선은 한글로 기록한다.	우리의 소중한 유산인 한글을 널리 쓰고 지켜야 하기 때문이다.
7	조선은 1년에 5번 일본에 가서 일본이 어떤가 보고 배우고, 일본도 1년에 5번 조선에 와서 조선을 둘러보고 간다.	서로 공평하게 상대방의 나라를 둘러봐야 보고 배울 점을 찾을 수 있다.
9	양국 상인의 편의를 위해 무역 규정을 만든다. 무역 규정 내용에 일본의 산업이 앞서가고 있으므로 조선에 몇 가지 기술을 알려줘서 조선도 새로운 물건을 만들어 무역할 수 있게 해 준다는 내용을 넣는다.	일본이 산업이 발달했고 조선은 그렇지 못하니 서로 수준이 같아질 때까지 도와줘야 한다.

[일월초5 유서은]

'3일 천하'로 끝난 갑신정변

1884년

11

학습 목표
1. 개화파와 수구파를 알아본다.
2. 임오군란과 갑신정변을 알아본다.
3. 태극기를 따라 그려 본다.

생각 한 걸음
생각책 126쪽

1 개화 (한국사 편지 4권 186쪽 참고)
2 개화파, 수구파 (한국사 편지 4권 188~189쪽 참고)
3 《영환지략》 (한국사 편지 4권 189쪽 참고)
4 우정국 또는 우정총국 (한국사 편지 4권 193쪽 참고)
5 임오군란 (한국사 편지 4권 196쪽 참고)
6 조·청 상민 수륙 무역 장정, 제물포 조약 (한국사 편지 4권 197쪽 참고)

생각 두 걸음
생각책 127~129쪽

[😊 😀] 표시는 이 책으로 공부한 어린이들이 실제로 쓴 답안 중에서 적절한 것을 골라 실은 것입니다. 만약 지금 문제를 풀고 있는 어린이가 다소 다른 대답을 하더라도 문항의 핵심을 충분히 이해했다면 어린이의 다양한 생각을 존중해 주세요.

1 ❶

❷

구식 군인	신식 군인
😊 별기군은 왜 옷이 저렇게 좋지? 우리도 멋있는 옷으로 바꿔 주면 좋겠다.	😀 우리 군복 멋지지? 사진에도 멋진 모습으로 나올 거야.
😊 급료가 안 나와서 가족들은 굶고 있는데, 사진 같은 걸 찍어서 뭐해.	😀 좋은 대우를 받은 만큼 열심히 나라를 지키자.

❸ 😊 선혜청에서 구식 군인들에게 그동안 밀려 있던 봉급 중 한

달분을 나누어 주었는데 봉급으로 받은 곡식에는 겨와 모래가 잔뜩 들어 있었다. 구식 군인들은 화가 나서 강력히 항의하였지만 민겸호는 오히려 항의 주동자들을 붙잡아 가 처벌하였다. 더는 참지 못한 구식 군인들이 봉기하여 민겸호의 집을 공격하고 운현궁으로 가서 흥선 대원군에게 도움을 요청했다. 동별영을 습격하여 무기를 탈취한 봉기군은 일본 공사관을 공격하였고 일본 공사는 봉기군을 피해 제물포로 도주하였다. 봉기군은 창덕궁으로 가서 모든 잘못의 원인이라고 생각한 왕비 민씨를 죽이려고 했지만 왕비는 변장을 하고 궁궐을 빠져나와 장호원으로 도망쳤다.

2 ❶❷❸

사진 속 인물	
박용하	학생 신분으로는 최초로 일본에 유학하였다.
변수	개화파 관리로서 갑신정변에 참여했다. 갑신정변 실패 후 일본으로 망명하였다가 미국으로 유학하여 최초로 미국 대학을 졸업하였다.
고영철	우리나라 최초의 신문인 〈한성순보〉가 창간될 때에 편집을 맡았다. 영선사와 보빙사로 중국과 미국에 다녀왔다.
서광범	갑신정변 실패 후 일본을 거쳐, 미국으로 망명했다. 미국 시민권을 얻어 미 연방 정부에서 번역관으로 일했다. 귀국하여 갑오개혁에 참여했고, 주미 특명 전권 공사를 지냈다.
민영익	왕비 민씨의 친척으로서 이조참의, 금위대장, 친군영, 한성부 판윤, 병조·이조·호조·예조판서 등 고위직을 두루 거쳤다. 친청·보수파로 개화파의 공격 대상이 되었다.
홍영식	새로 만들어진 우정국의 총책임자인 총판이 되었으며 김옥균, 박영효와 함께 갑신정변을 일으켰다. 그러나 청나라의 개입으로 정변이 실패하자, 왕을 호위하다가 청군에게 피살당했다.

> **유길준** 우리나라 최초의 미국 유학생으로 《서유견문》을 집필했다. 1894년 갑오개혁에 참여하여 개혁을 이끌었으며, 아관파천으로 내각이 해산되자 일본으로 망명하였다.

❹ 일본을 모델로 급속한 개화를 이루려고 한 개화파이며 갑신정변의 주역이다. 갑신정변이 실패한 후 조선을 떠났다.

3 ❶ ❸

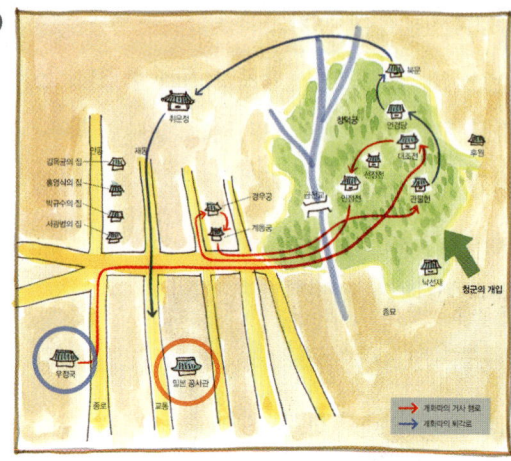

❷ 경우궁
❹ 청나라

깊이 생각하기
생각책 130~131쪽

1 👦 👧

개혁안을 만든 이유
흥선 대원군이 다시 돌아오게 되면 청나라와 가까이 지내는 민씨 세력을 몰아낼 수 있다. 그러면 청나라가 조선을 간섭하지 못하게 되기 때문이다.
문벌과 신분 때문에 재능이 있어도 관직에 오를 수 없었던 사람들을 등용하면 나라 발전에 도움이 되기 때문이다.
무거운 세금으로 고통받는 백성들의 생활을 편안하게 할 수 있기 때문이다.

2 👦 백성들의 지지를 받지 못했기 때문이다. 당시 일본은 조선 백성들이 힘들게 농사지은 곡식들을 갖은 방법을 동원해 일본으로 가져갔다. 그래서 조선 백성들의 생활은 점점 어려워졌고 일본에 대해 강한 반감을 품고 있었다. 그런데 개화파가 그런 일본과 손을 잡고 개화를 한다고 하니, 백성들은 화가 나고 개화파를 이해할 수 없었을 것이다.

🧒 준비가 부족했기 때문이다. 정권을 바꾸고 개혁을 하려면 많은 준비가 필요하다. 하지만 개화파들은 경험과 안목이 부족하여 치밀하게 준비하지 못했다. 어떤 상황이 닥칠지 모르기 때문에 개혁이 성공할 수 있도록 철저하게 준비했어야 했다.

😊 개화파가 일본을 지나치게 믿고 의지했기 때문이다. 개화파들은 어려운 일이 생기면 일본이 적극적으로 도와줄 거라고 믿었다. 하지만 일본은 자신들의 이익을 위해 개화파를 돕는 척만 했을 뿐이고 정작 개화파가 도움을 요청했을 때는 모른 척했다.

3 👧 조선이 자주적인 나라가 아니라 청나라가 모든 상황을 조정하는 꼭두각시에 불과하다고 생각했을 것이다.

👦 서양 강대국의 조선에 대한 지식은 일본이 전해 준 것이었기에 일본에 유리한 입장에서 조선을 바라보았을 것이다.

🧒 청나라가 손톱을 길게 하고 뒤에 있는 데도 그 속셈을 모르는 조선을 바보 같다고 생각했을 것 같다.

개화파 동지들, 나는 김옥균이오. 오늘 이렇게 그대들에게 편지를 쓴 것은 그대들에게 제안을 하나 하기 위해서요. 우리는 늘 청나라와 그를 지지하는 민씨 세력을 몰아내고 우리나라를 다시 일으켜 세우는 꿈을 꾸고 있소. 그동안 우리는 많은 연구와 노력을 해 왔소. 이제 민씨 세력과 청나라를 칠 때가 온 것 같소. 지금 청나라는 우리나라를 탐하고 있고 우리나라는 위험에 빠져 있소. 언제까지 청나라와 민씨 집안에 우리나라가 넘어가는 꼴을 보고만 있을 것이오? 일본도 힘을 보태 준다고 하니, 우리 이제, 반대 세력들을 치는 게 어떻겠소? 나의 계획은 이러하오. 우리나라 최초 우체국인 우정국이 처음 문을 여는 12월 4일 관리와 우리의 반대파인 수구파들도 그 자리에 참석할 것이오. 그때 불이 난 것처럼 가장하여 수구파 사람들과 민씨 집안사람들을 밖으로 나오게 한 후 칼로 칩시다. 내가 고종에게 청나라 군사가 난을 일으켰다고 거짓 정보를 흘릴 테니, 그대들은 수구파와 우리의 뜻을 반대하는 사람들을 모두 없애시오. 일본의 도움을 받으면 더욱

생각 펼치기
생각책 132~133쪽

이 책으로 공부한 어린이들의 실제 답안을 그대로 실었습니다. 어린이들의 다양한 생각과 관심을 파악할 수 있을 것입니다.

쉽게 할 수 있는 일이오. 동지들, 우리 함께 정변을 일으킵시다!

[용남초6 안자연]

전봉준과 동학 농민 운동

1894년

12

학습 목표
1. 동학 농민 운동을 알아본다.
2. 청·일 전쟁과 갑오개혁을 알아본다.
3. 동학 농민 운동 구호 외치기 게임을 해 본다.

생각 한 걸음
생각책 138쪽

1 전봉준 (한국사 편지 4권 200쪽 참고)
2 나라를 구하고 백성을 편안하게 한다. (한국사 편지 4권 203쪽 참고)
3 전주 화약 (한국사 편지 4권 209쪽 참고)
4 집강소 (한국사 편지 4권 210쪽 참고)
5 청·일 전쟁 (한국사 편지 4권 211쪽 참고)
6 갑오개혁 (한국사 편지 4권 216쪽 참고)

생각 두 걸음
생각책 139~141쪽

[😃🙂] 표시는 이 책으로 공부한 어린이들이 실제로 쓴 답안 중에서 적절한 것을 골라 실은 것입니다. 만약 지금 문제를 풀고 있는 어린이가 다소 다른 대답을 하더라도 문항의 핵심을 충분히 이해했다면 어린이의 다양한 생각을 존중해 주세요.

1 ❶❷

❸ 😊 조선에 들어온 청나라군과 일본군을 몰아내는 것이 무엇보다 우선이라고 생각했기 때문이다.

😊 조선의 일을 다른 나라가 들어와서 간섭한다는 것은 말도 안 되는 일이라고 생각했기 때문에 우선 조정과 해결을 하려고 전주 화약을 맺었다.

❹ 😊 동학 농민 운동의 1차 봉기는 조병갑의 횡포로 인한 봉기이고, 2차 봉기는 일본의 지배에 맞서 대항한 봉기이다.

😊 1차 봉기는 사회를 개혁하려는 의지로 일으킨 봉기였고, 2차 봉기는 외세를 물리치려고 일으킨 봉기이다.

2 ❶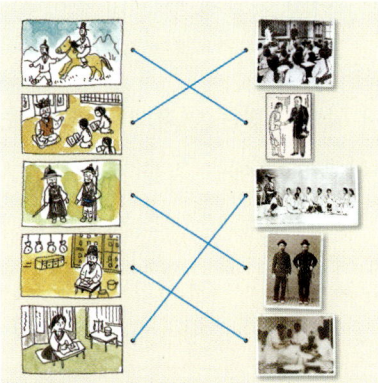

❷ 😊 조선 조정이 동학 농민 운동을 진압하기 위해 청나라에 군사를 요청했기 때문이다.

😊 조선 조정의 군사 요청을 빌미 삼아 조선에 대한 지배권을 확실히 하려고 군대를 보냈다.

❸ 톈진 조약

❹ 일본

❺ 😊 조선이라고 생각한다. 청·일 전쟁은 조선에서 벌어진 전쟁이기 때문에 조선의 땅과 건물이 황폐해지고 조선의 무고한 백성들도 많이 죽었기 때문이다.

😊 청나라가 가장 큰 피해를 입었다고 생각한다. 청·일 전쟁에서 진 청나라는 일본에게 배상금을 내야 했고, 조선에 대한 영향력도 일본에게 빼앗겼기 때문이다.

3 ❶

❷ 😀 양반과 평민을 구분하는 신분 제도와 노비 제도가 사라졌다.
😊 여성들도 학교에 가서 신식 교육을 받을 수 있게 되었다.
😊 신식 의료 기술과 의료 시설이 도입되어 서양식 처방을 받을 수 있게 되었다.
😊 예전에는 대부분의 학생들이 서당에서 훈장님에게 교육을 받았지만, 서양식 학교가 많이 들어서면서 서양식 건물에서 교사에게 교육을 받게 되었다.

깊이 생각하기
생각책 142~143쪽

1 😊 이전의 농민 봉기가 삼정의 문란에 대항하여 일어났다면, 동학 농민 운동은 훨씬 폭넓은 사회 개혁을 목표로 한 것 같다. 노비 문서를 없애는 등의 신분 개혁을 요구했고 토지를 공평하게 나누자는 개혁안을 주장했기 때문이다.
😊 동학 농민 운동은 외세에 반대하는 봉기였다는 점에서 이전의 농민 봉기와 다르다. 청·일 전쟁에서 이긴 일본이 조선에 대해 큰 영향력을 끼치려 하자, 농민군은 일본군을 조선에서 몰아내기 위해 일본군과 싸웠다.
😊 이전의 농민 봉기는 제도에 대한 불만으로 일어났고, 동학 농민 운동은 동학이라는 종교적 바탕 위에서 일어났다.

2 😊 과거 제도 폐지와 신분과 가문에 관계없이 관리를 뽑는 조항이 가장 환영받았을 것 같다. 조선 시대는 신분 사회였기 때문에 양반이 아닌 신분은 재능이 있어도 성공하기 어려웠고 재능이 있어도 가문이 별 볼 일 없으면 포기할 수밖에 없었다. 그런데 신분과 가문에 관계없이 관리를 뽑는다면 신분에 구애 받지 않고 자신의 능력을 펼칠 수 있을 것이다.
😊 죄인의 가족과 친척까지 형벌을 받는 연좌제를 없앤다는 조항이 가장 환영을 받았을 것이다. 예전에는 죄를 지은 당사자뿐 아니라 죄가 없는 가족과 친척까지 벌을 받고 죄인 취급을 당했다. 연좌제를 없애면 더 이상 죄가 없는 사람이 무거운 형벌을 받는 억울한 일이 없을 것이라고 생각해서 이 조항을 환영했을 것이다.

🧑 노비 제도를 없앤다는 조항이 백성들에게 가장 환영을 받았을 것 같다. 백성들은 동학 농민 운동을 거치면서 사람은 모두 평등하다는 생각을 하게 되었을 것이다. 노비도 같은 사람인데 물건처럼 취급받는 노비 제도가 부당하다고 생각해서 노비 제도를 바꿔야 한다는 생각을 하는 사람이 많았을 것이다.

3 👦👧

	위로부터의 개혁	아래로부터의 개혁
장점	-지배 계층은 권력을 갖고 있기 때문에 자기들의 생각대로 개혁을 빨리 진행할 수 있다. -지배 계층은 외국의 문물을 접해 본 경험이 있기 때문에 외국의 앞선 제도를 개혁안에 포함할 수 있다.	-백성들이 주도한 것이기 때문에 백성들이 원하는 점이 개혁에 반영된다. 백성들에게 꼭 필요한 요소가 개혁안에 들어간다. -백성들의 참여를 이끌어 낼 수 있고 지지를 얻을 수 있다.
단점	-지배 계층의 판단만으로 진행되어 백성들이 정말로 원하는 것을 충분히 알지 못할 수 있다. 그래서 나라 전체를 위한 개혁이 될 수 없다. -소수가 계획하고 결정하기 때문에 백성들이 개혁의 내용을 잘 모를 수 있다. 그래서 백성들의 호응을 얻기 힘들다.	-백성의 힘이나 영향력이 지배층에 비해 세지 않아서 개혁이 실패할 가능성이 많다. -지배 계층과 대립하기 때문에 개혁을 하기 위해서 폭력이 동원되고 과격해질 수도 있다.

등장인물: 어린 화중이, 할아버지, 이웃 사람들
시간, 공간, 배경: 1850년대 선운사 도솔암 마애불
일어나는 사건: 어린 화중이가 전설에 얽힌 이야기를 듣고 직접 도솔암 마애불을 찾아갔다가 아무 것도 찾지 못하고 돌아온 뒤 어른이 되어 중요한 일을 앞두고 다시 마애불을 찾는다.

동화 쓰기

옛날, 마애불이 가까운 곳에 있었던 어느 마을에 화중이라는 아이가 살고 있었어. 화중이는 할아버지께 옛이야기 듣는 것을 좋아했어.

생각 펼치기
생각책 144~145쪽

이 책으로 공부한 어린이들의 실제 답안을 그대로 실었습니다. 어린이들의 다양한 생각과 관심을 파악할 수 있을 것입니다.

"할아버지, 재미난 얘기 해 주세요." 화중이는 할아버지께 옛이야기를 해 달라고 졸랐어.

"오냐 오냐. 할아버지가 너만 했을 때 들었던 이야기인데, 마애불의 배꼽에는 아주 특별한 비결이 들어 있다는구나. 근데 그게 세상 밖으로 나오는 날 한양이 망한대. 세상을 지배할 만한 사람이 꺼내면 왕이 되고, 아니면 벼락에 맞아서 죽는대. 아이고, 무서워라. 화중아, 너는 절대로 그 근처에 가지도 말고, 얼씬도 하지 마라. 알았지?"

"할아버지 진짜인지 아닌지 가 보고 싶어요."

"화중아. 이건 그냥 전설일 뿐이야. 하지만 선택은 너의 몫이야. 알았지?"

'나는 용기를 내서 꼭 가 볼 테야!'

어린 화중이는 직접 찾아가 보기로 결심했어. 엄마 몰래 짐을 싸서 나왔지.

화중이는 마애불에 도착해서 주변을 살펴봤어. 마애불이 너무 커서 배꼽을 보려면 절벽을 기어올라 가야 했어. 그런데 뒤에서 이런 소리가 들렸어.

"내가 배꼽을 만질 거야. 내가 새로운 왕이 될 거야."

갑자기 사람들이 사다리를 들고 와서 마애불을 기어오르려고 했어. 하지만 마애불은 너무 높고 기름이 뿌려진 듯이 미끄러워서 아무도 못 올라가고 있었지. 화중이가 사람들을 피해서 마애불에 바짝 붙어 있었는데, 갑자기 조그만 틈이 보였어. 화중이 같은 아이만 들어갈 수 있을 만큼 작았지. 화중이는 얼른 그 안으로 들어갔어. 구불구불 좁은 길을 따라갔더니 평평한 곳이 나왔어. 그런데 그 안에 있는 건 비결이 아니었어. 그 안에는 온통 지렁이들뿐이었지. 땅을 비옥하게 만들어 준다는 지렁이들만 가득할 뿐 다른 건 아무것도 없었던 거야. 궁금증이 풀린 화중이는 마애불 뱃속에서 나왔어. 그리고 집으로 돌아오려고 보니까 그때까지도 왕이 되기 위해서 비결을 꺼내겠다는 사람들이 마애불에 올라가려고 다투고 있었지. 아무것도 찾지 못해 실망한 어린 화중이는 집으로 돌아왔지만, 40년의 세월이 흘러서 어른이 된 화중은 다시 한 번 도솔암 마애불을 찾았단다.

[대화초4 심채이]

등장인물: 대장 동이, 그 외의 친구들

시간, 공간, 배경: 어느 날 새벽 4시쯤 선운사 도솔암 마애불 근처 백송

일어나는 사건: 대장 동이가 친구들과 함께 마애불의 배꼽에 있는 비결을 꺼내기로 한다.

동화 쓰기

어느 날 새벽 4시쯤, 선운사 도솔암 마애불 앞 백송에서 부스럭거리는 소리가 났어. 그곳에서 어떤 아이들이 튀어나왔는데 바로 대장 동이와 부하 친구들이었지.

"얘들아! 드디어 해냈다! 이제 비결을 꺼내자!" 동이와 친구들은 비결을 꺼내기 위해 기다란 나뭇가지로 마애불의 배꼽을 파기 시작했어. 하지만 돌이 나뭇가지 따위에 파질 리가 없었지. 할 수 없이 돌을 깎아서 두드려 보기도 하고, 찔러 보기도 했지만 결국 실패로 돌아갔어.

마지막으로 배꼽을 망치로 깨려는 순간, 절의 종이 울리고 말았어. 시간이 너무 빨리 지나간 거야. 다른 사람들에게 들키지 않기 위해 동이와 친구들은 서둘러 절을 빠져나왔어. 그때 마애불 앞을 지나던 한 스님이 반짝하고 빛나는 종이를 발견했어. 그 종이 앞에는 '비결'이라고 쓰여 있었는데, 열어 보니 이런 말이 적혀 있었대.

'농민군의 지도자, 바로 나 손화중이 꺼내 간다.'

나중에 그 사실을 소문으로 듣게 된 아이들은 분했지만 어떤 아이는 '차라리 비결을 꺼내서 한양(서울)이 망하고 벼락에 맞아 죽는 것보다야 찾지 못한 게 낫지.' 라고 생각하기도 했더래.

[한내초4 김서진]

등장인물: 손화중, 정약용

시간, 공간, 배경: 밤 늦은 시각, 도솔암, 도솔암 뒤 마애불 근처

일어나는 사건: 손화중의 꿈에 정약용이 나타난다. 손화중은 정약용에게 들은 대로 비결을 찾아 봉기를 일으킨다.

동화 쓰기

손화중은 먼 길을 떠났다가 도솔암에서 하루 자게 되었다. 자고 있

는 손화중의 주변에 이상한 바람이 불고, 귓가에 작은 소리가 들리는 듯하였다. 그때 손화중의 꿈속에 실학자인 정약용이 나타났다.

"네놈이 손화중이더냐?"

정약용이 나지막하게 물었다.

"네, 제가 손화중입니다만, 누구신지요?"

손화중이 답했다.

"나는 정약용이라고 한다. 나를 알고 있느냐?"

"네네, 알고 있습니다. 선생님께서 쓰신 많은 책을 읽었습니다. 그런데 한참 전에 돌아가신 분인데… 어떻게…?"

"나를 믿고 따라오너라."

정약용은 손화중을 데리고 도솔암 뒤쪽 마애불이 있는 곳으로 갔다. 그리고 마애불 앞에 멈춰서 손화중에게 이야기했다.

"곧 고부 농민들과 전봉준이 관리들의 부정부패에 맞서 동학 농민 운동을 일으킬 것이다. 저 마애불의 배꼽에 내가 오래전 조선을 개혁할 수 있는 중요한 방법을 적어 놓은 비결을 숨겨 놓았다. 네가 그것을 찾아 잘 읽어 보고, 큰 깨달음을 얻길 바란다."

"네? 뭐라고요? 농민 운동이요? 비결은 또 뭔가요?"

손화중이 정약용에게 물었지만 정약용은 연기처럼 사라지고 없었다. 그때 손화중은 꿈에서 깨어났다.

손화중은 꿈인지 생시인지 구분이 안 돼 혼란스러웠다. 마애불을 찾아가 보니 정말 배 쪽에 구멍이 뚫려 있는 것처럼 보였다. 암벽을 타듯이 어렵게 올라 마애불 배꼽 속에 손을 넣어 보니 진짜 두루마리 하나가 나왔다. 손화중은 서둘러 내려와 그 내용을 읽어 보니 정말 놀랍고도 충격적인 내용이었다. 이대로 된다면 조선을 더 좋은 나라로 바꿀 수 있을 것 같았다. 큰 깨달음을 얻은 손화중은 바로 고부로 달려가 동학 농민 운동에 참여하고 전봉준과 함께 동학 농민 운동을 이끌었다.

[일월초5 우진식]

13 1895년 명성 황후, 그 비극의 죽음

학습 목표
1. 을미사변을 알아본다.
2. 당시 조선을 둘러싼 세계 정세를 알아본다.
3. 명성 황후의 모습을 상상해서 초상화를 그려 본다.

생각 한 걸음
생각책 150쪽

1. 을미사변 (한국사 편지 4권 224쪽 참고)
2. 건청궁의 옥호루 (한국사 편지 4권 224쪽 참고)
3. 러시아 공사관 (한국사 편지 4권 226쪽 참고)
4. 삼국 간섭 (한국사 편지 4권 227쪽 참고)
5. 광무 (한국사 편지 4권 236쪽 참고)
6. 옛것을 근본으로 하고 새것을 참조한다. (한국사 편지 4권 237쪽 참고)

생각 두 걸음
생각책 151~153쪽

[👶🧒] 표시는 이 책으로 공부한 어린이들이 실제로 쓴 답안 중에서 적절한 것을 골라 실은 것입니다. 만약 지금 문제를 풀고 있는 어린이가 다소 다른 대답을 하더라도 문항의 핵심을 충분히 이해했다면 어린이의 다양한 생각을 존중해 주세요.

1. ❶ 👶 감고당은 명성 황후가 살았던 곳이고, 이후 고종과 결혼했다. 흥선 대원군은 명성 황후의 시아버지이다. 민영익은 명성 황후의 조카로 수구파이다. 미우라 공사는 을미사변을 일으킨 중심 인물이며, 옥호루에서 명성 황후가 시해되었다. 사바틴은 고종의 비밀 경호원으로 시해 장면을 목격했다. 을미사변 후 고종은 러시아 공사관으로 피신했고, 《명성 황후 국장 도감 의궤》는 명성 황후의 죽음이 발표된 지 2년 후 치러진 장례식 장면을 그린 의궤이다.

❷ 🧒 명성 황후의 죽음을 둘러싼 사건에 대한 재판이 있었기 때문에 재판 결과를 기다리다가 늦어졌을 것이다.

👶 을미사변 후 고종이 러시아 공사관에 피해 있는 상황에서 장

례식을 치른다는 것은 무리였을 것이다.

2 ❷❸

❹ 🧑 아시아에서 일본의 세력이 너무 커지는 것을 막기 위해서이다.

3 ❶ ㉠갑신정변 ㉡갑오개혁 ㉢광무개혁
❷ 😊 러시아가 조선을 간섭하고 억압하는 일본의 힘을 약화시켜 줄 수 있을 것이라고 판단했기 때문이다.
❸ 😊 고종은 러시아 공사관으로 피해 있었다. 그 후 대한제국을 선포하고 황제가 되었으며 광무개혁을 했다.

깊이 생각하기
생각책 154~155쪽

1 😊 명성 황후는 일본으로부터 벗어나기 위해 청, 러시아 등 다른 나라와 손잡으려 했다. 일본은 그런 명성 황후가 눈엣가시였을 것이다. 그래서 결국 명성 황후를 시해하게 되었다고 생각한다.
👧 일본이 러시아에게 조선에 대한 주도권을 빼앗길까 봐 두려워서 을미사변을 일으키게 되었다고 생각한다. 일본은 러시아의 간섭으로 요동 반도도 청나라에 돌려줘야 했고, 명성 황후도 러시아와 손잡으려 했기 때문에 불안했을 것이다.

2 🧑 고종을 보호한다는 대가로 많은 이권을 차지하기 위해서이다. 고종이 러시아 공사관에 있게 되면 고종은 다른 나라의 그 누구도 자유롭게 만날 수 없고, 다른 나라 역시 러시아를 통하지 않고서는 고종과 만날 수 없다. 그러므로 러시아는 가운데서 중개자 역할을 하면서 많은 이익을 얻을 수 있었을 것이다.

👩 조선에서 커지게 될 일본의 힘을 약화시키고 자신들의 힘이 커질 수 있다고 생각했을 것이다.

😊 러시아 공사관의 보호를 받고 있는 고종은 러시아의 여러 부탁을 거절할 수 없기 때문이다.

3 👩 고종은 힘이 세고 강한 나라, 황제의 권한이 강한 나라, 다른 나라의 간섭을 받지 않는 자주적인 나라를 만들고 싶어 했다.

👦 고종은 근대적인 국가를 만들고 싶어 했다. 그러기 위해서 군대를 근대화하고 병원, 학교, 통신, 금융 등의 시설을 적극적으로 만들었다.

👩 고종은 황제가 모든 권한을 가진 강력한 황제 중심 국가를 만들고 싶어 했던 것 같다. 사회 제도는 근대화하려고 노력했지만 군사, 입법, 행정까지 모두 황제의 힘으로 나라를 다스리려고 했기 때문이다.

제목: 조선의 왕이 스스로 우리에게 찾아 왔습니다. 이것은 기회입니다.

존경하는 황제 폐하!

조선의 왕비가 일본 자객들에게 암살당했다는 지난번 보고서는 잘 보셨으리라 생각됩니다.

왕비가 죽은 후 조선의 정치와 사회는 매우 불안합니다. 게다가 왕인 고종은 왕비의 죽음으로 매우 불안한 상태입니다. 자신도 언제 왕비처럼 암살당할지 모른다는 공포에 떨고 있습니다. 그러더니 며칠 전 우리 공사관으로 고종이 스스로 피신해 왔습니다. 그리고 우리에게 자신의 생명을 보호해 달라고 부탁했습니다.

이것은 우리에게 기회라고 생각됩니다. 고종을 없애고 싶어 하는 일본 때문에 저희에게 약간의 위험이 있을 수 있지만, 고종을 우리가 보호해 준다면 조선에서 러시아의 세력은 더 막강해질 수 있습니다. 일본의 세력이 조금 약해지고 고종이 다시 제대로 정치할 수 있다면 우리는 많은 이익을 얻을 수 있을 것입니다. 생명을 보호해 줬는데 그

생각 펼치기
생각책 156~157쪽

이 책으로 공부한 어린이들의 실제 답안을 그대로 실었습니다. 어린이들의 다양한 생각과 관심을 파악할 수 있을 것입니다.

에 맞는 보답이 있을 겁니다.

　먼저 황제 폐하의 허락 없이 고종을 우리가 보호해 줄 것을 약속한 것은 죄송하지만 분명 우리에게 큰 이익으로 돌아올 것으로 믿습니다.

　이상입니다.

[일월초5 유서은]

역사와 뛰놀기
생각책 158쪽

[대화초5 김근아]　[대화초5 김민서]　[대화초5 김서현]　[대화초5 남윤지]

개항 후 달라진 생활
1898년

14

학습 목표
1. 개항 후 달라진 조선의 생활 모습을 알아본다.
2. 개항 후 열강의 이권 침탈을 알아본다.
3. 종이컵 전화기 놀이를 하며 개항 후 들어온 새로운 물건을 알아본다.

생각 한 걸음
생각책 162쪽

1　경복궁　(한국사 편지 4권 241쪽 참고)
2　전차　(한국사 편지 4권 243쪽 참고)

3 인천과 노량진 (한국사 편지 4권 244쪽 참고)
4 단발령 (한국사 편지 4권 246쪽 참고)
5 예배당 결혼식 (한국사 편지 4권 248쪽 참고)
6 황현 (한국사 편지 4권 251쪽 참고)

생각 두 걸음
생각책 163~165쪽

[😊 🙂] 표시는 이 책으로 공부한 어린이들이 실제로 쓴 답안 중에서 적절한 것을 골라 실은 것입니다. 만약 지금 문제를 풀고 있는 어린이가 다소 다른 대답을 하더라도 문항의 핵심을 충분히 이해했다면 어린이의 다양한 생각을 존중해 주세요.

1 ❶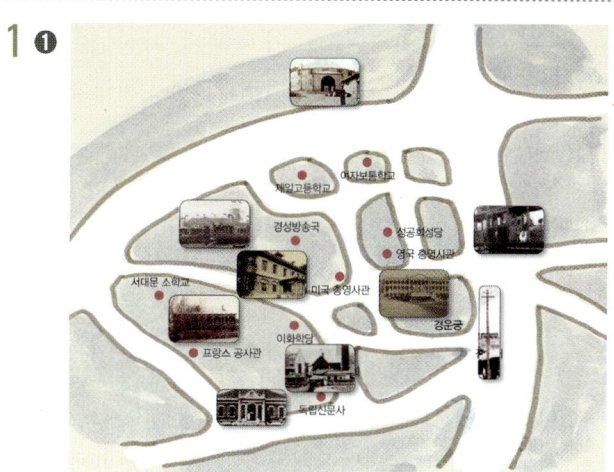

❷ 😊 고종이 경운궁에 살고 있었고, 경운궁 주변에 여러 나라의 공사관이 자리 잡았기 때문이다.
🙂 서양 사람들이 많이 오가는 곳이기 때문에 서양 사람들이 필요한 건물을 신식으로 많이 지었을 것 같다.

2 ❶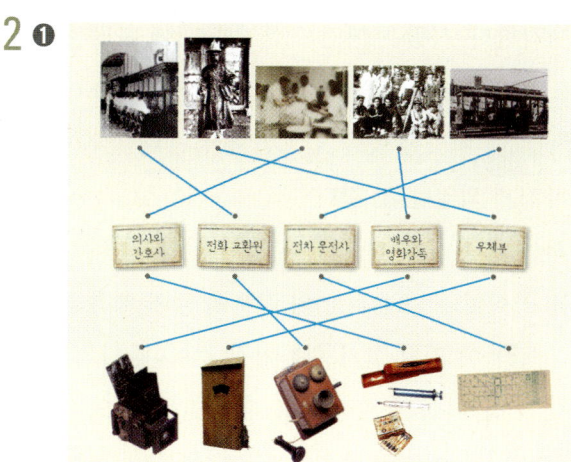

❷ 🙂 이발사, 사진사, 구두닦이, 인력거꾼, 기차 운전사, 양복장이, 미용사 등

3

❶ **경인선**: 미국 → 일본

경부선, 경원선: 일본

경의선: 프랑스 → 일본

❷ 외국인들은 대개 배를 타고 인천항으로 들어왔기 때문에, 자신들이 빨리 서울로 갈 수 있도록 경인선을 가장 먼저 만들었다.

깊이 생각하기
생각책 166~167쪽

1 당시 사람들의 생활을 가장 크게 변화시킨 것은 전기라고 생각한다. 전기는 촛불이나 등잔불보다 밝아서 어둠을 밝히는 효과도 있지만, 무엇보다도 중요한 것은 사람들이 밤늦게까지 활동할 수 있게 되어서 활동 시간이 대폭 늘어났다는 점이라고 생각한다.

전차와 기차라고 생각한다. 걷거나 말을 타고 다니던 것에 비하면 전차와 기차는 이동 시간도 단축해 주고 힘이 덜 든다. 그래서 물건을 빨리 나르고 사고팔기가 편해졌으며 사람들의 생활 범위가 매우 넓어졌을 것이다.

양복이라고 생각한다. 사람은 어떤 옷을 입느냐에 따라 행동도 달라지고 생각도 달라진다. 한복을 입었을 때보다 행동하기가 편하고, 신분과 상관없이 비슷한 옷을 입으면서 양반과 천민이라는 생각도 점차 사라지게 되었을 것 같다.

2 조선이 수출하는 물품 중 쌀과 콩은 사람이 살아가는 데 꼭 필요한 식량이 되는 곡식이다. 그래서 이와 같은 무역이 계속되면 식량 값이 비싸져 사람들이 먹고 살기 힘들어질 것이다.

금, 은, 철광석, 구리, 아연 등은 영원히 계속 만들 수 있는 물건이 아니라 한정되어 있다. 하지만 조선이 수입하는 물품을 보면 얼마든지 공장에서 만들어 낼 수 있는 물건이 대부분이다. 그래서 우리의 지하자원은 사라져 정작 자원이 필요할 때는 비싼 값에 다른 나라에서 사야 하기 때문에 조선의 경제는 많이 힘들어지게 된다. 👩 조선의 많은 가정에서는 수공업으로 길쌈을 해서 옷감을 생산했는데 그것을 수입하면 값이 싸지기 때문에 우리나라 물건이 덜 팔리게 된다. 그래서 수공업자들이 망하게 될 것 같다.

3 열강들이 가져간 이권: 삼림 채벌권, 금강 채굴권, 광산 채굴권, 철도 부설권, 전등·전화·전차 부설권, 연안 어업권, 화폐 주조 원료 독점 제공권, 인삼 독점 수출권, 통신 관리권

👦 전기, 철도 등을 이용하는 사람은 결국 조선인이며, 그 사용료는 시설을 만든 나라에 내야 한다. 그러면 그 나라만 돈을 벌고 조선은 점점 가난해질 것이다.

👩 전기, 철도 등의 산업은 처음에 길을 만들 때 돈이 많이 든다. 그래서 다른 나라에 부설권을 주면 조선이 당장 돈을 내지 않아서 조선에게 이익인 것 같겠지만, 철로 등을 놓을 때 들어간 경비는 모두 조선의 빚이 될 수 있다.

👦 시설을 만든 나라에서는 만든 기술을 알려 주지 않기 때문에 전기, 철도에 관한 산업 기술이 조선에 전수되지 못해서 조선은 영원히 의지하게 될 수 있다.

자주 사용하는 물건: 휴대 전화, 전구, 택시, 콘택트렌즈, 엘리베이터, 텔레비전, 컴퓨터, 볼펜, 냉장고, 침대
물건 이름: 콘택트렌즈
선택한 이유: 조선 시대 사람들이 이것을 알게 되면 신기해할 것 같아서
특징: 안경을 대신해서 눈이 잘 보이게 해 준다.
사용 방법: 동그랗게 생긴 작은 것을 눈에 넣는다.

설명하는 글

콘택트렌즈는 안경을 대신해서 눈동자에 넣는 것이다. 그러면 마치 안경을 쓴 것처럼 눈이 잘 보인다. 렌즈는 딱딱한 것도 있고 부드러운 것도 있다. 드림 렌즈라는 것은 잘 때 끼고 잤다가 아침에 빼면, 빼고 나서도 눈이 잘 보인다. 눈동자의 색깔을 바꾸기 위해서 끼는 렌

생각 펼치기
생각책 168~169쪽

이 책으로 공부한 어린이들의 실제 답안을 그대로 실었습니다. 어린이들의 다양한 생각과 관심을 파악할 수 있을 것입니다.

즈도 있다.

　콘택트렌즈의 장점은 뜨거운 음식을 먹을 때 안경처럼 서리가 끼지 않는 것이다. 그리고 땀이 나도 코에서 흘러내리지 않는다. 또 안경이 얼굴을 가리지 않기 때문에 본래의 얼굴 모습을 볼 수 있다.

　단점은 눈동자에 넣기 때문에 눈의 건강이 안 좋아질 수 있다. 저녁에는 렌즈를 꼭 빼야 하고, 빼고 나서는 씻어야 한다. 렌즈를 씻다가 잘못하면 렌즈가 물에 떠내려갈 수 있다. 부드러운 렌즈는 얇아서 찢어질 수 있다.

　현대 사람들은 이처럼 안경을 대신해서 콘택트렌즈라는 것을 낀다.

[신도림초4 김소윤]

자주 사용하는 물건: 피아노, 에어컨, 리모콘, TV, 소파, 문제집, 휴대 전화, 컴퓨터, 인터넷, 보일러

물건 이름: 보일러

선택한 이유: 요즘 집엔 다 있어서

특징: 물을 끓여 집을 따뜻하게 해 준다.

사용 방법: 스위치만 누르면 된다.

설명하는 글

　보일러는 아파트 문화가 생기면서 더 많이 퍼졌어. 아파트는 위로 높이 쌓아 올린 집이라고 생각하면 돼. 땅을 좁게 차지하면서 많은 사람들이 살 수 있지. 하지만 이런 아파트에 살면 장작을 쓸 수도 없어서 옛날 방법으로 방을 따뜻하게 할 수가 없어. 그래서 보일러가 생긴 거야. 보일러는 방바닥 아래에 파이프를 깔고 그 파이프에 물을 넣어. 그리고 기계 장치로 그 물을 끓여서 방을 따뜻하게 데우는 거야. 온돌은 방을 데우는 데 시간이 오래 걸리지만 보일러는 그렇지 않아. 기계의 버튼만 누르면 저절로 물이 데워지면서 빠르게 방이 따뜻해지지. 물의 온도도 조절 가능해서 더 따뜻하게, 덜 따뜻하게 할 수도 있어. 21세기 참 좋지?

[일월초5 이현아]

[활동 자료 18] 13단원 감상 활동 초상화 그리기 (학생용 158쪽)

초상화 그리기